CLIVE STAPLES LEWIS (1898–1963) fue uno de los intelectuales más importantes del siglo veinte y podría decirse que fue el escritor cristiano más influyente de su tiempo. Fue profesor particular de literatura inglesa y miembro de la junta de gobierno en la Universidad Oxford hasta 1954, cuando fue nombrado profesor de literatura medieval y renacentista en la Universidad Cambridge, cargo que desempeñó hasta que se jubiló. Sus contribuciones a la crítica literaria, literatura infantil, literatura fantástica y teología popular le trajeron fama y aclamación a nivel internacional. C. S. Lewis escribió más de treinta libros, lo cual le permitió alcanzar una enorme audiencia, y sus obras aún atraen a miles de nuevos lectores cada año. Sus más distinguidas y populares obras incluyen *Las Crónicas de Narnia*, *Los Cuatro Amores*, *Cartas del Diablo a Su Sobrino* y *Mero Cristianismo*.

CARTAS
DEL DIABLO
A SU SOBRINO

C. S. LEWIS

CARTAS DEL DIABLO A SU SOBRINO

Traducido del inglés por Miguel Marías

rayo
Una rama de HarperCollins*Publishers*

Este libro fue publicado originalmente en inglés en el año 1942 en Gran Bretaña por Geoffrey Bles. La primera edición en español fue publicada en el año 1977 en España por Espasa Calpe, S.A.

PRIMERA EDICIÓN RAYO, 2006

Library of Congress ha catalogado la edición en inglés.

ISBN-10: 0-06-114004-X
ISBN-13: 978-0-06-114004-4

13 ✤/RRD 20 19 18 17 16 15 14 13 12 11

Índice

PREFACIO

Las cartas de Escrutopo aparecieron durante la segunda Guerra Alemana, en el desaparecido *Manchester Guardian*. Espero que no precipitasen su defunción, pero lo cierto es que le hicieron perder un lector: un clérigo rural escribió al director, dándose de baja como suscritor, con el pretexto de que «muchos de los consejos que se daban en estas cartas le parecían no sólo erróneos, sino decididamente diabólicos».

Por lo general, sin embargo, tuvieron una acogida como nunca hubiera soñado. Las críticas fueron elogiosas o estaban llenas de esa clase de irritación que le dice al autor que ha dado en el blanco que se proponía; las ventas fueron inicialmente prodigiosas (para lo que acostumbran a venderse mis libros), y se han mantenido estables.

Desde luego, las ventas de un libro no significan lo que los autores esperan. Si se midiese lo que se lee la Biblia en Inglaterra en función del número de Biblias vendidas, se cometería un grave error. Pues bien, en una escala más modesta, las ventas de *Las cartas de Escrutopo* encierran una ambigüedad semejante: es el tipo de libro que se suele regalar a un ahijado, que se lee en voz alta en las residencias de ancianos. Es, incluso, el género de libro que, como he podido observar con una sonrisa

11

escarmentada, tiende a ser depositado en los cuartos de invitados, para llevar en ellos una vida de ininterrumpida tranquilidad, en compañía de *The Road Mender, John Inglesant*[1] y *La vida de las abejas*[2]. A veces se compra por motivos más humillantes todavía. Una señora que yo conocía descubrió que la joven y encantadora enfermera en prácticas que llenaba su bolsa de agua caliente en el hospital había leído *Cartas*. También averiguó por qué las había leído.

—Verá —le dijo la joven—; se nos advirtió que en las entrevistas de examen, después de las preguntas de verdad, las técnicas, las matronas o los médicos preguntan, a veces, qué tipo de cosas le interesan a una. Lo mejor es decir que se ha leído algo. Así que nos dieron una lista de unos diez libros que suelen hacer bastante buena impresión, y nos dijeron que debíamos leer por lo menos uno de ellos.

—¿Y usted eligió *Cartas*?

—Bueno, claro: era el más corto.

Con todo, una vez hechas todas las salvedades, el libro ha tenido un número suficiente de lectores de verdad como para que valga la pena dar respuesta a algunos de los interrogantes que ha suscitado entre ellos.

La pregunta más corriente es si realmente «creo en el Diablo».

Ahora bien; si por «el Diablo» se entiende un poder opuesto a Dios, y como Dios, existente por toda la eternidad, la respuesta es, desde luego, no. No hay más ser no creado que Dios. Dios no tiene contrario. Ningún ser podría alcanzar una «perfecta maldad» opuesta a la perfecta bondad de Dios, ya que, una vez descartado todo lo bueno (inteligencia, voluntad, memoria, energía, y la existencia misma), no quedaría nada de él.

La pregunta adecuada sería si creo en los diablos. Sí, creo.

---

[1] Novela escrita, en 1876, por Joseph Henry Shorthouse (1834-1903), que alcanzó resonante éxito en Inglaterra cuando, en 1881, se publicó. *(N. del T.)*

[2] Se trata de *La vie des abeilles* (1901), de Maurice Maeterlinck (1862-1949). *(N. del T.)*

Es decir, creo en los ángeles, y creo que algunos de ellos, abusando de su libre albedrío, se han enemistado con Dios y, en consecuencia, con nosotros. A estos ángeles podemos llamarles «diablos». No son de naturaleza diferente que los ángeles buenos, pero su naturaleza es depravada. *Diablo* es lo contrario que *ángel* tan sólo como un Hombre Malo es lo contrario de un Hombre Bueno. Satán, el cabecilla o dictador de los diablos, es lo contrario no de Dios, sino del arcángel Miguel.

Creo esto no porque forme parte de mi credo religioso, sino porque es una de mis opiniones. Mi religión no se desmoronaría si se demostrase que esta opinión es infundada. Hasta que eso ocurra —y es difícil conseguir pruebas negativas—, la mantendré. Me parece que explica muchas cosas. Concuerda con el sentido llano de las Escrituras, con la tradición de la Cristiandad y con las creencias y la mayor parte de los hombres de casi todas las épocas. Y no es incompatible con nada que las ciencias hayan demostrado.

Debiera ser innecesario (pero no lo es) añadir que creer en los ángeles, buenos o malos, no significa creer en unos ni en otros tal y como se les representa en las artes y en la literatura. Se pinta a los diablos con alas de murciélago y a los ángeles con alas de pájaro, no porque nadie sostenga que la degradación moral tienda a convertir las plumas en membrana, sino porque a la mayoría de los hombres le gustan más los pájaros que los murciélagos. Se les pintan alas, para empezar, con la intención de dar una idea de la celeridad de la energía intelectual libre de todo impedimento. Se les confiere forma humana porque la única criatura racional que conocemos es el hombre. Al ser criaturas superiores a nosotros en el orden natural, incorpóreas o que animan cuerpos de un tipo que ni siquiera podemos imaginar, hay que representarlas simbólicamente, si se quiere representarlas de algún modo.

Además, estas formas no sólo son simbólicas, sino que la gente sensata siempre ha sabido que eran simbólicas. Los griegos no creían que los dioses tuviesen realmente las hermosas formas humanas que les daban sus escultores. En su poesía, un dios que quiere «aparecerse» a un mortal asume temporalmente la apariencia de un hombre. La teología cristiana ha explicado casi siempre la «aparición» de un ángel del mismo modo. «Sólo los ignorantes se imaginan que los espíritus son realmente hombres alados», dijo Dionisio en el siglo V.

En las artes plásticas, estos símbolos han degenerado continuamente. Los ángeles de Fra Angélico llevan en su rostro y en su actitud la paz y la autoridad del Cielo; luego vinieron los regordetes desnudos infantiles de Rafael; por último, los ángeles suaves, esbeltos, aniñados y consoladores del arte decimonónico, de formas tan femeninas que sólo su total insipidez evita que resulten voluptuosas: parecen las frígidas huríes de un paraíso de saloncito. Son un símbolo pernicioso. En las Escrituras, la visitación de un ángel es siempre alarmante; tiene que empezar por decir: «No temas.» El ángel victoriano, en cambio, parece a punto de susurrar: «Ea, ea, no es nada.»

Los símbolos literarios encierran un mayor peligro, ya que no son tan fácilmente reconocibles como simbólicos. Los mejores son los del Dante: ante sus ángeles nos sumimos en un auténtico temor reverencial, y sus diablos se aproximan mucho más —por su rabia, despecho e indecencia— a lo que debe ser la realidad que cualquier cosa de Milton, como señaló acertadamente Ruskin. Los diablos de Milton, por su grandiosidad y su elevada poesía, han hecho mucho daño, y sus ángeles deben demasiado a Homero y a Rafael. Pero la imagen verdaderamente nociva es el Mefistófeles de Goethe. Es Fausto, y no Mefistófeles, quien de verdad exhibe la implacable, insomne y crispada concentración en sí mismo que es la marca del Infierno. El divertido, civilizado, sensato y flexible Mefistófeles ha contribuido a fortalecer la ilusoria creencia de que el mal es liberador.

Un hombre pequeño puede evitar, en ocasiones, un error cometido por un gran hombre, y yo estaba decidido a conseguir que mi simbolismo no incurriese, al menos, en el mismo error que el de Goethe. Porque el humor implica un cierto sentido de las proporciones, y la capacidad de verse a uno mismo desde fuera, y yo creo que, atribuyamos lo que atribuyamos a los seres que pecaron de orgullo, no debemos atribuirles precisamente eso. «Satán cayó por la fuerza de gravedad», dijo Chesterton[3]. Se debe representar el Infierno como un estado en el que todo el mundo está perpetuamente pendiente de su propia dignidad y de su propio enaltecimiento, en el que todos se sienten agraviados, y en el que todos viven las pasiones mortalmente serias que son la envidia, la presunción y el resentimiento. Eso, para empezar; en cuanto a lo demás, mi elección de símbolos depende, supongo, de mi temperamento y de la época.

Me gustan mucho más los murciélagos que los burócratas. Vivo en la Era del Dirigismo, en un mundo dominado por la Administración. El mayor mal no se hace ahora en aquellas sórdidas «guaridas de criminales» que a Dickens le gustaba pintar. Ni siquiera se hace, de hecho, en los campos de concentración o de trabajos forzados. En los campos vemos su resultado final, pero es concebido y ordenado (instigado, secundado, ejecutado y controlado) en oficinas limpias, alfombradas, con calefacción y bien iluminadas, por hombres tranquilos de cuello de camisa blanco, con las uñas cortadas y las mejillas bien afeitadas, que ni siquiera necesitan alzar la voz. En consecuencia, y bastante lógicamente, mi símbolo del Infierno es algo así como la burocracia de un estado-policía, o las oficinas de una empresa dedicada a negocios verdaderamente sucios.

Milton nos ha dicho que «diablo con diablo condenado mantiene firme concordia». Pero, me pregunto yo, ¿cómo? Desde luego, no por amistad: un ser que aún puede sentir afecto no es todavía un diablo. También en este sentido mi símbolo me parece útil, porque permitía, por medio de paralelismos terrenales, describir una sociedad oficial sostenida ente-

---

[3] En el original, «Satan fell by force of gravity», que significa tanto «Satán cayó por la fuerza de gravedad» como «Satán cayó a fuerza de gravedad», siendo este último sentido del juego de palabras de Gilbert Keith Chesterton (1874-1936) el más oportuno en este contexto. *(N. del T.)*

ramente por el miedo y la avaricia. En la superficie, los modales de sus habitantes son normalmente amables; la grosería para con los superiores de uno sería, evidentemente, suicida, y la grosería para con los iguales podría ponerles en guardia antes de que uno estuviese preparado para adelantárseles. Y es que, por supuesto, el principio rector de toda la organización es que «el perro se come al perro». Todos desean el descrédito, la degradación y la ruina de los demás; todos son expertos en el arte del informe confidencial, la alianza fingida, la puñalada a traición. Por encima de todo eso, sus buenos modales, sus expresiones de grave respeto, sus «homenajes» a los invaluables servicios prestados por los demás constituyen una tenue certeza que de vez en cuando se agrieta, y hace erupción la lava ardiente de su odio mutuo.

Este símbolo me permitía también deshacerme de la absurda idea de que los diablos están consagrados a la búsqueda desinteresada de algo llamado el Mal (la mayúscula es esencial). Mis diablos no tienen nada que ver con semejante fantasía. Los ángeles malos, como los hombres malos, son enteramente prácticos. Tienen dos motivaciones. La primera es el temor al castigo: al igual que los países totalitarios tienen sus campos de tortura, mi Infierno contiene Infiernos más profundos, que son sus «correccionales». Su segunda motivación es una especie de hambre. Me imagino que los diablos pueden, en un sentido espiritual, devorarse mutuamente; y devorarnos a nosotros, claro. Incluso en la vida humana hemos visto la pasión de dominar, casi de digerir al prójimo; de hacer de toda su vida intelectual y emotiva una mera prolongación de la propia: odiar los odios propios, sentir rencor por los propios agravios y satisfacer el propio egoísmo, además de a través de uno mismo, por medio del prójimo. Por supuesto que sus pequeñas pasiones deben ser suprimidas para hacer sitio a las propias, y si el prójimo se resiste a esta supresión está comportándose de forma muy egoísta.

En la Tierra, a este deseo se le llama con frecuencia «amor». En el Infierno, me imagino, lo reconocen como hambre. Pero allí el hambre es más voraz, y se puede satisfacer más completamente. Allí, sugiero, el espíritu más fuerte —tal vez no haya cuerpos que lo impidan— puede absorber real e irrevocablemente al más débil en su interior, e imponer perpetuamente su propio ser a la individualidad atropellada del más débil. Por eso, me imagino, los diablos desean las almas humanas y las de los otros diablos; por eso Satán desea a todos sus seguidores, a todos los hijos de Eva y a todas las huestes del Cielo: sueña con la llegada de un día en que todos estén dentro de él, cuando todo aquel que diga «yo» sólo pueda decirlo a través de Satán. Supongo que esto es la parodia de la araña hinchada, la única imitación al alcance de Satán de esa insondable magnanimidad por medio de la cual Dios convierte a sus instrumentos en servidores y a sus servidores en hijos, para que puedan al fin reunirse con Él, en la perfecta libertad de un amor ofrecido desde la altura de las individualidades absolutas que han podido alcanzar gracias a la liberación divina.

Pero, como en el cuento de Grimm*, *des träumte mir nur*, todo esto no es más que mito y leyenda. Por eso, la pregunta acerca de mi opinión sobre los diablos, aunque, una vez formulada, merezca una respuesta, tiene en realidad una importancia mínima para el lector de *Cartas*. Para aquellos que compartan mi opinión, mis diablos serán símbolos de una realidad concreta; para otros, serán la personificación de ideas abstractas, y el libro será una alegoría. Pero importa poco de qué modo se lea, ya que su intención no era, por supuesto, la de especular acerca de la vida diabólica, sino la de iluminar, desde un ángulo nuevo, la vida de los hombres.

Me dicen que no fui el primero, que alguien escribió cartas de un diablo ya en el siglo XVII. No conozco ese libro, y tengo entendido que su punto de vista era principalmente político. Pero reconozco gustosamente mi deuda para con *The Confessions of a Well-Meaning Woman*, de Stephen McKenna. La relación puede no ser evidente, pero se hallará en él la misma

---

* *Der Raüberbräutigam* («El navío bandido»). (*N. del T.*)

inversión moral —todo lo negro, blanco, y todo lo blanco, negro—, y el humor que nace de hablar a través de un personaje totalmente desprovisto de sentido del humor. La idea del canibalismo espiritual debe algo, probablemente, a las horripilantes escenas de «absorción» del olvidado *Voyage to Arcturus*, de David Lindsay[4].

Los nombres de mis diablos han despertado mucha curiosidad, y se han aventurado numerosas explicaciones, todas ellas equivocadas. La verdad es que me propuse, simplemente, hacerlos repugnantes —y quizá también en esto le deba algo a Lindsay— por el sonido. Una vez inventado un nombre, podría especular, como cualquier otra persona (y no con más autoridad que cualquiera), acerca de las asociaciones fonéticas que me produjeron el efecto desagradable. Me imagino que escroto, Gestapo, topo y tópico tuvieron algo que ver con el nombre de mi protagonista, y que baba, bobo, lapo y lapa han ido a parar a Babalapo[5].

Algunos me han hecho el inmerecido elogio de suponer que mis *Cartas* eran el fruto maduro de largos años de estudios de teología moral y de ascética. Olvidan, sin duda, que existe un medio igualmente fidedigno, aunque menos encomiable, de aprender cómo funciona la tentación. «Mi corazón —no necesito el de otro— me mostró la maldad de los impíos.»

Se me pidió o aconsejó con frecuencia que ampliase las *Cartas* originales, pero durante muchos años no me apeteció lo más mínimo. Aunque nunca había escrito con tanta facilidad,

---

[4] Se refiere al poeta y autor satírico escocés Sir David Lindsay, o Lyndsay (1490-1555). *(N. del T.)*

[5] El nombre original del protagonista —y de los demás diablos que se mencionan— es intraducible, y no significa nada, aunque C. S. Lewis lo asocia fonéticamente con *Scrooge* (célebre personaje del *Christmas Carol*, de Charles Dickens, publicado en 1843, y cuyo nombre se ha convertido en el arquetipo del avaro), *screw* (tuerca, apretar, joder), *thumbscrew* (empulgueras), *tapeworm* (tenia o solitaria) y *red tape* (formalismo burocrático, trámites, papeleo); *Slubgob* procede, según Lewis, de *slob* (tipo odioso), *slobber* (baba), *slubber* (manchar, hacer chapuceramente), y *gob* (salivazo). *(N. del T.)*

nunca escribí con menos gozo. La facilidad provenía, sin duda, de que el artificio de las cartas diabólicas, una vez que se ha tenido la idea, se explota a sí mismo espontáneamente, como los hombres grandes y pequeños de Swift, o la filosofía médica y ética de *Erewhon*, o la Piedra Garuda de Anstey[6]. Es una idea que le arrastraría a uno durante mil páginas si se le diese rienda suelta. Pero, aunque era fácil adoptar la actitud mental de un diablo, no resultaba divertido, o no por mucho tiempo. El esfuerzo me producía una especie de calambre espiritual: mientras hablaba por Escrutopo, tenía que proyectarme a un trabajo que no era sino polvo, arena, sed y picor; cualquier atisbo de belleza, frescor y cordialidad tenía que ser excluido. Casi me ahogo antes de acabar el libro; hubiera ahogado a mis lectores si lo hubiese prolongado.

Además, le tenía cierta inquina a mi libro, por no ser un libro diferente, un libro que nadie hubiese podido escribir. Idealmente, los consejos de Escrutopo a Orugario debieran haber sido contrapuestos a los consejos arcangélicos al ángel de la guarda del paciente. Sin esto, la visión de la vida humana que da el libro resulta parcial y desequilibrada. Pero, ¿cómo remediar tal deficiencia? Porque, incluso si un hombre —y habría de ser un hombre mucho mejor que yo— pudiese escalar las alturas espirituales necesarias para ello, ¿qué «estilo justificable» podría utilizar? Porque el estilo sería, realmente, parte del contenido. Los consejos, sin más, no servirían de nada; cada frase habría de tener el aroma del Cielo. Y hoy día, incluso si uno fuese capaz de escribir una prosa como la de Traherne[7], no se le permitiría, porque el criterio de «funcionalidad» ha inutilizado a la literatura para la mitad de sus funciones. (En el fondo, cada ideal estilístico dicta no sólo cómo se debieran

---

[6] Lewis alude a *Los viajes de Gulliver* (*Gulliver's Travels*), 1726, de Jonathan Swift (1667-1745); a la sátira *Erewhon* (1872), de Samuel Butler (1825-1902); y, por último, a la obra poética de Christopher Anstey (1724-1805). (*N. del T.*)

[7] Thomas Traherne (1636?-1674), poeta y teólogo. (*N. del T.*)

decir las cosas, sino qué género de cosas se pueden decir.)

Luego, al pasar los años y convertirse la sofocante experiencia de escribir las *Cartas* en un débil recuerdo, se me empezaron a ocurrir ciertas reflexiones sobre esto y aquello, que parecían requerir, de algún modo, un tratamiento «escrutopiano». Pero estaba firmemente decidido a no volver a escribir una *Carta*. La idea de algo así como una conferencia o un «discurso» planeó vagamente por mi cabeza; idea ora olvidada, ora recordada, pero nunca escrita. Entonces me llegó una invitación del *Saturday Evening Post*, y eso apretó el gatillo...*

---

* C. S. Lewis se refiere aquí a su escrito *El diablo propone un brindis*, breve ensayo que completa las *Cartas* y que da título a un volumen editado por Ediciones Rialp, 1993.

Prólogo

No tengo la menor intención de explicar cómo cayó en mis manos la correspondencia que ahora ofrezco al público.

En lo que se refiere a los diablos, la raza humana puede caer en dos errores iguales y de signo opuesto. Uno consiste en no creer en su existencia. El otro, en creer en los diablos y sentir por ellos un interés excesivo y malsano. Los diablos se sienten igualmente halagados por ambos errores, y acogen con idéntico entusiasmo a un materialista que a un hechicero. El género de escritura empleado en este libro puede ser logrado muy fácilmente por cualquiera que haya adquirido la destreza necesaria; pero no la aprenderán de mí personas mal intencionadas o excitables, que podrían hacer mal uso de ella.

Se aconseja a los lectores que recuerden que el diablo es un mentiroso. No debe aceptarse como verídico, ni siquiera desde su particular punto de vista, todo lo que dice Escrutopo. No he tratado de identificar a ninguno de los seres humanos mencionados en las cartas, pero me parece muy improbable que los retratos que hacen, por ejemplo, del padre Spije, o de la madre del paciente, sean enteramente justos. El pensamiento desiderativo se da en el Infierno, lo mismo que en la Tierra.

Para terminar, debiera añadir que no se ha hecho el menor

esfuerzo para esclarecer la cronología de las cartas. La número XVII parece haber sido redactada antes de que el racionamiento llegase a ser drástico, pero, por lo general, el sistema de fechas diabólico no parece tener relación alguna con el tiempo terrestre, y no he intentado recomponerlo. Evidentemente, salvo en la medida en que afectaba, de vez en cuando, al estado de ánimo de algún ser humano, la historia de la Guerra Europea carecía de interés para Escrutopo.

C. S. LEWIS

Magdalen College, 5 de julio de 1941

«La mejor forma de expulsar al diablo,
si no se rinde ante el texto de las
Escrituras, es mofarse y no hacerle caso,
porque no puede soportar el desprecio.»

LUTERO

«El diablo... el espíritu orgulloso...
no puede aguantar que se mofen de él.»

TOMÁS MORO

I

Mi querido Orugario:

Tomo nota de lo que dices acerca de orientar las lecturas de tu paciente y de ocuparte de que vea muy a menudo a su amigo materialista, pero ¿no estarás pecando de ingenuo? Parece como si creyeses que los *razonamientos* son el mejor medio de librarle de las garras del Enemigo. Si hubiese vivido hace unos (pocos) siglos, es posible que sí: en aquella época, los hombres todavía sabían bastante bien cuándo estaba probada una cosa y cuándo no lo estaba; y una vez demostrada, la creían de verdad; todavía unían el pensamiento a la acción, y estaban dispuestos a cambiar su modo de vida como consecuencia de una cadena de razonamientos. Pero ahora, con las revistas semanales y otras armas semejantes, hemos cambiado mucho todo eso. Tu hombre se ha acostumbrado, desde que era un muchacho, a tener dentro de su cabeza, bailoteando juntas, una docena de filosofías incompatibles. Ahora no piensa, ante todo, si las doctrinas son «ciertas» o «falsas», sino «académicas» o «prácticas», «superadas» o «actuales», «convencionales» o «implacables». La jerga, no la argumentación, es tu mejor aliado en la labor de mantenerle apartado de la Iglesia. ¡No pierdas el tiempo tratando de hacerle creer que el materialismo es la *verdad!* Hazle pensar que es poderoso, o sobrio, o valiente; que es la filosofía del futuro. Eso es lo que le importa.

La pega de los razonamientos consiste en que trasladan la lucha al campo propio del Enemigo: también Él puede argumentar, mientras que, en el tipo de propaganda realmente práctica que te sugiero, ha demostrado durante siglos estar muy por debajo de Nuestro Padre de las Profundidades. El mero hecho de razonar despeja la mente del paciente, y, una vez despierta su razón, ¿quién puede prever el resultado? Incluso si una determinada línea de pensamiento se puede retorcer hasta que acabe por favorecernos, te encontrarás con que has estado reforzando en tu paciente la funesta costumbre de ocuparse de cuestiones generales y de dejar de atender exclusivamente al flujo de sus experiencias sensoriales inmediatas. Tu trabajo consiste en fijar su atención en este flujo. Enséñale a llamarlo «vida real», y no le dejes preguntarse qué entiende por «real».

Recuerda que no es, como tú, un espíritu puro. Al no haber sido nunca un ser humano (¡oh, esa abominable ventaja del Enemigo!), no te puedes hacer idea de hasta qué punto son esclavos de lo ordinario. Tuve una vez un paciente, ateo convencido, que solía leer en la Biblioteca del Museo Británico. Un día, mientras estaba leyendo, vi que sus pensamientos empezaban a tomar el mal camino. El Enemigo estuvo a su lado al instante, por supuesto, y antes de saber a ciencia cierta dónde estaba, vi que mi labor de veinte años empezaba a tambalearse. Si llego a perder la cabeza, y empiezo a tratar de defenderme con razonamientos, hubiese estado perdido, pero no fui tan necio. Dirigí mi ataque, inmediatamente, a aquella parte del hombre que había llegado a controlar mejor, y le sugerí que ya era hora de comer. Presumiblemente —¿sabes que nunca se puede oír *exactamente* lo que les dice?—, el Enemigo contraatacó diciendo que aquello era mucho más importante que la comida; por lo menos, creo que ésa debía ser la línea de Su argumentación, porque cuando yo dije: «Exacto: de hecho, *demasiado* importante como para abordarlo a última hora de la mañana», la cara del paciente se iluminó perceptiblemente, y cuando

26

pude agregar: «Mucho mejor volver después del almuerzo, y estudiarlo a fondo, con la mente despejada», iba ya camino de la puerta. Una vez en la calle, la batalla estaba ganada: le hice ver un vendedor de periódicos que anunciaba la edición del mediodía, y un autobús número 73 que pasaba por allí, y antes de que hubiese llegado al pie de la escalinata, ya le había inculcado la convicción indestructible de que, a pesar de cualquier idea rara que pudiera pasársele por la cabeza a un hombre encerrado a solas con sus libros, una sana dosis de «vida real» (con lo que se refería al autobús y al vendedor de periódicos) era suficiente para demostrar que «ese tipo de cosas» no pueden ser verdad. Sabía que se había salvado por los pelos, y años después solía hablar de «ese confuso sentido de la realidad que es la última protección contra las aberraciones de la mera lógica». Ahora está a salvo, en la casa de Nuestro Padre.

¿Empiezas a coger la idea? Gracias a ciertos procesos que pusimos en marcha en su interior hace siglos, les resulta totalmente imposible creer en lo extraordinario mientras tienen algo conocido a la vista. No dejes de insistir acerca de la *normalidad* de las cosas. Sobre todo, no intentes utilizar la ciencia (quiero decir, las ciencias de verdad) como defensa contra el Cristianismo, porque, con toda seguridad, le incitarán a pensar en realidades que no puede tocar ni ver. Se han dado casos lamentables entre los físicos modernos. Y si ha de juguetear con las ciencias, que se limite a la economía y la sociología; no le dejes alejarse de la invaluable «vida real». Pero lo mejor es no dejarle leer libros científicos, sino darle la sensación general de que sabe todo, y que todo lo que haya pescado en conversaciones o lecturas es «el resultado de las últimas investigaciones». Acuérdate de que estás ahí para embarullarle; por cómo habláis algunos demonios jóvenes, cualquiera creería que nuestro trabajo consiste en *enseñar*.

Tu cariñoso tío,

ESCRUTOPO

II

Mi querido Orugario:

Veo con verdadero disgusto que tu paciente se ha hecho cristiano. No te permitas la vana esperanza de que vas a conseguir librarte del castigo acostumbrado; de hecho, confío en que, en tus mejores momentos, ni siquiera querrías eludirlo. Mientras tanto, tenemos que hacer lo que podamos, en vista de la situación. No hay que desesperar: cientos de esos conversos adultos, tras una breve temporada en el campo del Enemigo, han sido reclamados y están ahora con nosotros. Todos los hábitos del paciente, tanto mentales como corporales, están todavía de nuestra parte.

En la actualidad, la misma Iglesia es uno de nuestros grandes aliados. No me interpretes mal; no me refiero a la Iglesia de raíces eternas, que vemos extenderse en el tiempo y en el espacio, temible como un ejército con las banderas desplegadas y ondeando al viento. Confieso que es un espectáculo que llena de inquietud incluso a nuestros más audaces tentadores; pero, por fortuna, se trata de un espectáculo completamente invisible para esos humanos; todo lo que puede ver tu paciente es el edificio a medio construir, en estilo gótico de imitación, que se erige en el nuevo solar. Y cuando penetra en la iglesia, ve al tendero de la esquina que, con una expresión un tanto zalame-

28

ra, se abalanza hacia él, para ofrecerle un librito reluciente, con una liturgia que ninguno de los dos comprende, y otro librito, gastado por el uso, con versiones corrompidas de viejas canciones religiosas —por lo general malas—, en un tipo de imprenta diminuto; al llegar a su banco, mira en torno suyo y ve precisamente a aquellos vecinos que, hasta entonces, había procurado evitar. Te trae cuenta poner énfasis en estos vecinos, haciendo, por ejemplo, que el pensamiento de tu paciente pase rápidamente de expresiones como «el cuerpo de Cristo» a las caras de los que tiene sentados en el banco de al lado. Importa muy poco, por supuesto, la clase de personas que realmente haya en el banco. Puede que haya alguien en quien reconozcas a un gran militante del bando del Enemigo; no importa, porque tu paciente, gracias a Nuestro Padre de las Profundidades, es un insensato, y con tal de que alguno de esos vecinos desafine al cantar, o lleve botas que crujan, o tenga papada, o vista de modo extravagante, el paciente creerá con facilidad que, por tanto, su religión tiene que ser, en algún sentido, ridícula. En la etapa que actualmente atraviesa, tiene una idea de los «cristianos» que considera muy espiritual, pero que, en realidad, es predominantemente gráfica: tiene la cabeza llena de togas, sandalias, armaduras y piernas descubiertas, y hasta el simple hecho de que las personas que hay en la iglesia lleven ropa moderna supone, para él, un auténtico (aunque inconsciente, claro está) problema. Nunca permitas que esto aflore a la superficie de su conciencia; no le permitas que llegue a preguntarse cómo esperaba que fuese. Por ahora, mantén sus ideas vagas y confusas, y tendrás toda la eternidad para divertirte, provocando en él esa peculiar especie de lucidez que proporciona el Infierno.

Trabaja a fondo, pues, durante la etapa de decepción o anticlímax que, con toda seguridad, ha de atravesar el paciente durante sus primeras semanas como hombre religioso. El Enemigo deja que esta desilusión se produzca al comienzo de todos los esfuerzos humanos: ocurre cuando el muchacho que se deleitó en la escuela primaria con la lectura de las *Historias de la Odisea,* se pone a aprender griego en serio; cuando los enamorados ya se han casado y acometen la empresa efectiva de aprender a vivir juntos. En cada actividad de la vida, esta decepción marca el paso de algo con lo que se sueña y a lo que se aspira a un laborioso quehacer. El Enemigo acepta este riesgo porque tiene la curiosa ilusión de hacer de esos asquerosos gusanillos humanos lo que Él llama Sus «libres» amantes y siervos («hijos» es la palabra que Él emplea, en Su incorregible afán de degradar el mundo espiritual entero a través de relaciones «contra natura» con los animales bípedos). Al desear su libertad, el Enemigo renuncia, consecuentemente, a la posibilidad de guiarles, por medio de sus aficiones y costumbres propias, a cualquiera de los objetivos que Él les propone: les deja que lo hagan «por sí solos».

Ahí está nuestra oportunidad; pero también, tenlo presente, nuestro peligro: una vez que superan con éxito esta aridez inicial, los humanos se hacen menos dependientes de las emociones y, en consecuencia, resulta mucho más difícil tentarles.

Cuanto te he escrito hasta ahora se basa en la suposición de que las personas de los bancos vecinos no den motivos *racionales* para que el paciente se sienta decepcionado. Por supuesto, si los dan —si el paciente sabe que la mujer del sombrero ridículo es una jugadora empedernida de *bridge,* o que el hombre de las botas rechinantes es un avaro y un chantajista—, tu trabajo resultará mucho más fácil. En tal caso, te basta con evitar que se le pase por la cabeza la pregunta: «Si yo, siendo como soy, me puedo considerar un cristiano, ¿por qué los diferentes vicios de las personas que ocupan el banco vecino habrían de probar que su religión es pura hipocresía y puro formalismo?» Te preguntarás si es posible evitar que incluso una mente humana se haga una reflexión tan evidente. Pues lo es, Orugario, ¡lo es! Manéjale adecuadamente, y tal idea ni se le pasará por la cabeza. Todavía no lleva el tiempo suficiente con el Enemigo como para haber adquirido la más mínima humildad auténtica: todo cuanto diga, hasta si lo dice arrodillado, acerca de su propia pecaminosidad, no es más que repetir palabras como un loro; en el fondo, todavía piensa que ha logrado un saldo muy favorable en el libro mayor del Enemigo, sólo por haberse dejado convertir, y que, además, está dando prueba de una gran humildad y de magnanimidad al consentir en ir a la iglesia con unos vecinos tan engreídos y vulgares. Manténle en ese estado de ánimo tanto tiempo como puedas.

Tu cariñoso tío,

ESCRUTOPO

III

Mi querido Orugario:

Me complace mucho todo lo que me cuentas acerca de las relaciones de este hombre con su madre. Pero has de aprovechar tu ventaja. El Enemigo debe estar trabajando desde el centro hacia el exterior, haciendo cada vez mayor la parte de la conducta del paciente que se rige por sus nuevos criterios cristianos, y puede llegar a su comportamiento para con su madre en cualquier momento. Tienes que adelantártele. Manténte en estrecho contacto con nuestro colega Gluboso, que se ocupa de la madre, y construid entre los dos, en esa casa, una costumbre sólidamente establecida y consistente en que se fastidien mutuamente, pinchándose todos los días. Para ello, los siguientes métodos son de utilidad:

1. Mantén su atención centrada en la vida interior. Cree que su conversión es algo que está *dentro* de él, y su atención está, por tanto, volcada, de momento, sobre todo hacia sus propios estados de ánimo, o, más bien, a esa versión edulcorada de dichos estados que es cuanto debes permitirle ver. Fomenta esta actitud; mantén su pensamiento lejos de las obligaciones más elementales, dirigiéndolo hacia las más elevadas y espirituales; acentúa la más sutil de las características humanas, el horror a lo obvio y su tendencia a descuidarlo: debes conducirle

a un estado en el que pueda practicar el autoanálisis durante una hora, sin descubrir ninguno de aquellos rasgos suyos que son evidentes para cualquiera que haya vivido alguna vez en la misma casa, o haya trabajado en la misma oficina.

2. Por supuesto, es imposible impedir que rece por su madre, pero disponemos de medios para hacer inocuas estas oraciones: asegúrate de que sean siempre muy «espirituales», de que siempre se preocupe por el estado de su alma y nunca por su reúma. De ahí se derivarán dos ventajas. En primer lugar, su atención se mantendrá fija en lo que él considera pecados de su madre, lo cual, con un poco de ayuda por tu parte, puede conseguirse que haga referencia a cualquier acto de su madre que a tu paciente le resulte inconveniente o irritante. De este modo, puedes seguir restregando las heridas del día, para que escuezan más, incluso cuando está postrado de rodillas; la operación no es nada difícil, y te resultará muy divertida. En segundo lugar, ya que sus ideas acerca del alma de su madre han de ser muy rudimentarias, y con frecuencia equivocadas, rezará, en cierto sentido, por una persona imaginaria, y tu misión consistirá en hacer que esa persona imaginaria se parezca cada día menos a la madre real, a la señora de lengua puntiaguda con quien desayuna. Con el tiempo, puedes hacer la separación tan grande que ningún pensamiento o sentimiento de sus oraciones por la madre imaginaria podrá influir en su tratamiento de la auténtica. He tenido pacientes tan bien controlados que, en un instante, podía hacerles pasar de pedir apasionadamente por el «alma» de su esposa o de su hijo a pegar o insultar a la esposa o al hijo de verdad, sin el menor escrúpulo.

3. Es frecuente que, cuando dos seres humanos han convivido durante muchos años, cada uno tenga tonos de voz o gestos que al otro le resulten insufriblemente irritantes. Explota eso: haz que tu paciente sea muy consciente de esa forma particular de levantar las cejas que tiene su madre, que aprendió a detestar desde la infancia, y déjale que piense lo mucho que le desagrada. Déjale suponer que ella sabe lo molesto que

resulta ese gesto, y que lo hace para fastidiarle. Si sabes hacer tu trabajo, no se percatará de la inmensa inverosimilitud de tal suposición. Por supuesto, nunca le dejes sospechar que también él tiene tonos de voz y miradas que molestan a su madre de forma semejante. Como no puede verse, ni oírse, esto se consigue con facilidad.

4. En la vida civilizada, el odio familiar suele expresarse diciendo cosas que, sobre el papel, parecen totalmente inofensivas (las *palabras* no son ofensivas), pero en un tono de voz o en un momento en que resultan poco menos que una bofetada. Para mantener vivo este juego, tú y Gluboso debéis cuidaros de que cada uno de ellos tenga algo así como un doble patrón de conducta. Tu paciente debe exigir que todo cuanto dice se tome en sentido literal, y que se juzgue simplemente por las palabras exactas, al mismo tiempo que juzga cuanto dice su madre tras la más minuciosa e hipersensible interpretación del tono, del contexto y de la intención que él sospecha. Y a ella hay que animarla a que haga lo mismo con él. De este modo, ambos pueden salir convencidos, o casi, después de cada discusión, de que son totalmente inocentes. Ya sabes cómo son estas cosas: «Lo único que hago es preguntarle a qué hora estará lista la cena, y se pone hecha una fiera.» Una vez que este hábito esté bien arraigado en la casa, tendrás la deliciosa situación de un ser humano que dice ciertas cosas con el expreso propósito de ofender, y, sin embargo, se queja de que se ofendan.

Para terminar, cuéntame algo acerca de la actitud religiosa de la vieja señora. ¿Tiene celos, o algo parecido, de este nuevo ingrediente de la vida de su hijo? ¿Se siente quizá «picada» de que haya aprendido de otros, y tan tarde, lo que ella considera que le dio buena ocasión de aprender de niño? ¿Piensa que está «haciendo una montaña» de ello, o, por el contrario, que se lo toma demasiado a la ligera? Acuérdate del hermano mayor de la historia del Enemigo.

Tu cariñoso tío,

ESCRUTOPO

34

IV

Mi querido Orugario:

Las inexpertas sugerencias que haces en tu última carta me indican que ya es hora de que te escriba detalladamente acerca del penoso tema de la oración. Te podías haber ahorrado el comentario de que mi consejo referente a las oraciones de tu paciente por su madre «tuvo resultados particularmente desdichados». Ése no es el género de cosas que un sobrino debiera escribirle a su tío..., ni un tentador subalterno al subsecretario de un Departamento. Revela, además, un desagradable afán de eludir responsabilidades; debes aprender a pagar tus propias meteduras de pata.

Lo mejor, cuando es posible, es alejar totalmente al paciente de la intención de rezar en serio. Cuando el paciente, como tu hombre, es un adulto recién reconvertido al partido del Enemigo, la mejor forma de lograrlo consiste en incitarle a recordar —o a creer que recuerda— lo parecidas a la forma de repetir las cosas de los loros que eran sus plegarias infantiles. Por reacción contra esto, se le puede convencer de que aspire a algo enteramente espontáneo, interior, informal, y no codificado; y esto supondrá, de hecho, para un principiante, un gran esfuerzo destinado a suscitar en sí mismo un *estado de ánimo* vagamente devoto, en el que no podrá producirse una verdadera concentración de la voluntad y de la inteligencia. Uno de sus poetas, Coleridge, escribió que él no rezaba «moviendo los labios y arrodillado», sino que, simplemente, «se ponía en situación de amar» y se entregaba a «un sentimiento implorante». Ésa es, exactamente, la clase de oraciones que nos conviene, y, como tiene cierto parecido superficial con la oración del silencio que practican los que están muy adelantados en el servicio del Enemigo, podemos engañar durante bastante tiempo a los pacientes listos y perezosos. Por lo menos, se les puede convencer de que la posición corporal es irrelevante para rezar, ya que olvidan continuamente —y tú debes recordarlo siempre— que son animales y que lo que hagan sus cuerpos influye en sus almas. Es curioso que los mortales nos pinten siempre dándoles ideas, cuando, en realidad, nuestro trabajo más eficaz consiste en evitar que se les ocurran cosas.

Si esto falla, debes recurrir a una forma más sutil de desviar sus intenciones. Mientras estén pendientes del Enemigo, estamos vencidos, pero hay formas de evitar que se ocupen de Él. La más sencilla consiste en desviar su mirada de Él hacia ellos mismos. Haz que se dediquen a contemplar sus propias mentes y que traten de suscitar en ellas, por obra de su propia voluntad, *sentimientos* o *sensaciones*. Cuando se propongan solicitar caridad del Enemigo, haz que, en vez de eso, empiecen a tratar de suscitar sentimientos caritativos hacia ellos mismos, y que no se den cuenta de que es eso lo que están haciendo. Si se proponen pedir valor, déjales que, en realidad, traten de sentirse valerosos. Cuando pretenden rezar para pedir perdón, déjales que traten de sentirse perdonados. Enséñales a medir el valor de cada oración por su eficacia para provocar el sentimiento deseado, y no dejes que lleguen a sospechar hasta qué punto esa clase de éxitos o fracasos depende de que estén sanos o enfermos, frescos o cansados, en ese momento.

Pero, claro está, el Enemigo no permanecerá ocioso entretanto: siempre que alguien reza, existe el peligro de que Él actúe inmediatamente, pues se muestra cínicamente indiferente hacia la dignidad de Su posición y la nuestra, en tanto que espíritus puros, y permite, de un modo realmente impúdico, que los animales humanos arrodillados lleguen a conocerse a sí mismos. Pero, incluso si Él vence tu primera tentativa de desviación, todavía contamos con un arma más sutil. Los humanos no parten de una percepción directa del Enemigo como la que nosotros, desdichadamente, no podemos evitar. Nunca han experimentado esa horrible luminosidad, ese brillo abrasador e hiriente que constituye el fondo de sufrimiento permanente de nuestras vidas. Si contemplas la mente de tu paciente mientras reza, no verás *eso;* si examinas el objeto al que dirige su atención, descubrirás que se trata de un objeto compuesto y que muchos de sus ingredientes son francamente ridículos: imágenes procedentes de retratos del Enemigo tal como se apareció durante el deshonroso episodio conocido como la Encarnación; otras, más vagas, y puede que notablemente disparatadas y pueriles, asociadas con Sus otras dos Personas; puede haber, incluso, elementos de aquello que el paciente adora (y de las sensaciones físicas que lo acompañan), objetivados y atribuidos al objeto reverenciado. Sé de algún caso en el que aquello que el paciente llama su «Dios» estaba *localizado,* en realidad..., arriba y a la izquierda, en un rincón del techo de su dormitorio, o en su cabeza, o en un crucifijo colgado de la pared. Pero, cualquiera que sea la naturaleza del objeto compuesto, debes hacer que el paciente siga dirigiendo a *éste* sus oraciones: a aquello que él ha creado, no a la Persona que le ha creado a él. Puedes animarle, incluso, a darle mucha importancia a la corrección y al perfeccionamiento de su objeto compuesto, y a tenerlo presente en su imaginación durante toda la oración, porque si llega a hacer la distinción, si alguna vez dirige sus oraciones conscientemente «no a lo que yo creo que Sois, sino a lo que Sabéis que Sois», nuestra situación será, por el momento, desesperada. Una vez descartados todos sus pensamientos e imágenes, o, si los conserva, conservados reconociendo plenamente su naturaleza puramente subjetiva, cuando el hombre se confía a la Presencia real, externa e invisible que está con él allí, en la habitación, y que no puede conocer como Ella le conoce a él... bueno, entonces puede suceder cualquier cosa. Te será de ayuda, para evitar esta situación —esta verdadera desnudez del alma en la oración—, el hecho de que los humanos no la desean tanto como suponen: ¡se pueden encontrar con más de lo que pedían!

Tu cariñoso tío,

ESCRUTOPO

V

Mi querido Orugario:

Es un poquito decepcionante esperar un informe detallado de tu trabajo y recibir, en cambio, una tan vaga rapsodia como tu última carta. Dices que estás «delirante de alegría» porque los humanos europeos han empezado otra de sus guerras. Veo muy bien lo que te ha sucedido. No estás delirante, estás sólo borracho. Leyendo entre las líneas de tu desequilibrado relato de la noche de insomnio de tu paciente, puedo reconstruir tu estado de ánimo con bastante exactitud. Por primera vez en tu carrera has probado ese vino que es la recompensa de todos nuestros esfuerzos —la angustia y el desconcierto de un alma humana—, y se te ha subido a la cabeza. Apenas puedo reprochártelo. No espero encontrar cabezas viejas sobre hombros jóvenes. ¿Respondió el paciente a alguna de tus terroríficas visiones del futuro? ¿Le hiciste echar unas cuantas miradas autocompasivas al feliz pasado? ¿Tuvo algunos buenos escalofríos en la boca del estómago? Tocaste bien el violín, ¿no? Bien, bien, todo eso es muy natural. Pero recuerda, Orugario, que el deber debe anteponerse al placer. Si cualquier indulgencia presente para contigo mismo conduce a la pérdida final de la presa, te quedarás eternamente sediento de esa bebida de la que tanto estás disfrutando ahora tu primer sorbo. Si, por el contrario, mediante una aplicación constante y serena, aquí y ahora, logras finalmente hacerte con su alma, entonces será tuyo para siempre: un cáliz viviente y lleno hasta el borde de desesperación, horror y asombro, al que puedes llevar los labios tan a menudo como te plazca. Así que no permitas que ninguna excitación temporal te distraiga del verdadero asunto de minar la fe e impedir la formación de virtudes. Dame, sin falta, en tu próxima carta, una relación completa de las reacciones de tu paciente ante la guerra, para que podamos estudiar si es más probable que hagas más bien haciendo de él un patriota extremado o un ardiente pacifista. Hay todo tipo de posibilidades. Mientras tanto, debo advertirte que no esperes demasiado de una guerra.

Por supuesto, una guerra es entretenida. El temor y los sufrimientos inmediatos de los humanos son un legítimo y agradable refresco para nuestras miradas de afanosos trabajadores. Pero ¿qué beneficio permanente nos reporta, si no hacemos uso de ello para traerle almas a Nuestro Padre de las Profundidades? Cuando veo el sufrimiento temporal de humanos que al final se nos escapan, me siento como si me hubiese permitido probar el primer plato de un espléndido banquete y luego se me hubiese denegado el resto. Es peor que no haberlo probado. El Enemigo, fiel a Sus bárbaros métodos de combate, nos permite contemplar la breve desdicha de Sus favoritos sólo para tantalizarnos y atormentarnos... para mofarse del hambre insaciable que, durante la fase actual del gran conflicto, Su bloqueo nos está imponiendo. Pensemos, pues, más bien cómo usar que cómo disfrutar esta guerra europea. Porque tiene ciertas tendencias inherentes que, por sí mismas, no nos son nada favorables. Podemos esperar una buena cantidad de crueldad y falta de castidad. Pero, si no tenemos cuidado, veremos a millares volviéndose, en su tribulación, hacia el Enemigo, mientras decenas de miles que no llegan a tanto ven su atención, sin embargo, desviada de sí mismos hacia valores y causas que creen más elevadas que su «ego». Sé que el Enemigo desaprueba muchas de esas causas. Pero ahí es donde es tan injusto.

A veces premia a humanos que han dado su vida por causas que Él encuentra malas, con la excusa monstruosamente sofista de que los humanos creían que eran buenas y estaban haciendo lo que creían mejor. Piensa también qué muertes tan indeseables se producen en tiempos de guerra. Matan a hombres en lugares en los que sabían que podían matarles y a los que van, si son del bando del Enemigo, preparados. ¡Cuánto mejor para nosotros si *todos* los humanos muriesen en costosos sanatorios, entre doctores que mienten, enfermeras que mienten, amigos que mienten, tal y como les hemos enseñado, prometiendo vida a los agonizantes, estimulando la creencia de que la enfermedad excusa toda indulgencia e incluso, si los trabajadores saben hacer su tarea, omitiendo toda alusión a un sacerdote, no sea que revelase al enfermo su verdadero estado! Y cuán desastroso es para nosotros el continuo acordarse de la muerte a que obliga la guerra. Una de nuestras mejores armas, la mundanidad satisfecha, queda inutilizada. En tiempo de guerra, ni siquiera un humano puede creer que va a vivir para siempre.

Sé que Escarárbol y otros han visto en las guerras una gran ocasión para atacar a la fe, pero creo que ese punto de vista es exagerado. A los partidarios humanos del Enemigo, Él mismo les ha dicho claramente que el sufrimiento es una parte esencial de lo que Él llama Redención; así que una fe que es destruida por una guerra o una peste no puede haber sido realmente merecedora del esfuerzo de destruirla. Estoy hablando ahora del sufrimiento difuso a lo largo de un período prolongado como el que la guerra producirá. Por supuesto, en el preciso momento de terror, aflicción o dolor físico, puedes coger a tu hombre cuando su razón está temporalmente suspendida. Pero incluso entonces, si pide ayuda al cuartel general del Enemigo, he descubierto que el puesto está casi siempre defendido.

Tu cariñoso tío,

ESCRUTOPO

41

VI

Mi querido Orugario:

Me encanta saber que la edad y profesión de tu cliente hacen posible, pero en modo alguno seguro, que sea llamado al servicio militar. Nos conviene que esté en la máxima incertidumbre, para que su mente se llene de visiones contradictorias del futuro, cada una de las cuales suscita esperanza o temor. No hay nada como el «suspense» y la ansiedad para parapetar el alma de un humano contra el Enemigo. Él quiere que los hombres se preocupen de lo que hacen; nuestro trabajo consiste en tenerles pensando qué les pasará.

Tu paciente habrá aceptado, por supuesto, la idea de que debe someterse con paciencia a la voluntad del Enemigo. Lo que el Enemigo quiere decir con esto es, ante todo, que debería aceptar con paciencia la tribulación que le ha caído en suerte: el «suspense» y la ansiedad actuales. Es sobre *esto* por lo que debe decir: «Hágase tu voluntad», y para la tarea cotidiana de soportar *esto* se le dará el pan cotidiano. Es asunto tuyo procurar que el paciente nunca piense en el temor presente como en su cruz, sino sólo en las cosas de las que tiene miedo. Déjale considerarlas sus cruces: déjale olvidar que, puesto que son incompatibles, no pueden sucederle todas ellas, y déjale tratar de practicar la fortaleza y la paciencia ante ellas por anticipado.

Porque la verdadera resignación, al mismo tiempo, ante una docena de diferentes e hipotéticos destinos, es casi imposible, y el Enemigo no ayuda demasiado a aquellos que tratan de alcanzarla: la resignación ante el sufrimiento presente y real, incluso cuando ese sufrimiento consiste en tener miedo, es mucho más fácil, y suele recibir la ayuda de esta acción directa.

Aquí actúa una importante ley espiritual. Te he explicado que puedes debilitar sus oraciones desviando su atención del Enemigo mismo a sus propios estados de ánimo con respecto al Enemigo. Por otra parte, resulta más fácil dominar el miedo cuando la mente del paciente es desviada de la cosa temida al temor mismo, considerado como un estado actual e indeseable de su propia mente; y cuando considere el miedo como la cruz que le ha sido asignada, pensará en él, inevitablemente, como en un estado de ánimo. Se puede, en consecuencia, formular la siguiente regla general: en todas las actividades del pensamiento que favorezcan nuestra causa, estimula al paciente a ser inconsciente de sí mismo y a concentrarse en el objeto, pero en todas las actividades favorables al Enemigo haz que su mente se vuelva hacia sí mismo. Deja que un insulto o el cuerpo de una mujer fijen hacia fuera su atención hasta el punto en que no reflexione: «Estoy entrando ahora en el estado llamado Ira... o el estado llamado Lujuria.» Por el contrario, deja que la reflexión: «Mis sentimientos se están haciendo más devotos, o más caritativos» fije su atención hacia dentro hasta tal punto que ya no mire más allá de sí mismo para ver a nuestro Enemigo o a sus propios vecinos.

En lo que respecta a su actitud más general ante la guerra, no debes contar demasiado con esos sentimientos de odio que los humanos son tan aficionados a discutir en periódicos cristianos o anticristianos. En su angustia, el paciente puede, claro está, ser incitado a vengarse por algunos sentimientos vengativos dirigidos hacia los gobernantes alemanes, y eso es bueno hasta cierto punto. Pero suele ser una especie de odio melodramático o mítico, dirigido hacia cabezas de turco imaginarias. Nunca ha conocido a estas personas en la vida real; son maniquíes modelados en lo que dicen los periódicos. Los resultados de este odio fantasioso son a menudo muy decepcionantes, y de todos los humanos, los ingleses son, en este aspecto, los más deplorables mariquitas. Son criaturas de esa miserable clase que ostentosamente proclama que la tortura es demasiado buena para sus enemigos, y luego le dan té y cigarrillos al primer piloto alemán herido que aparece en su puerta trasera.

Hagas lo que hagas, habrá cierta benevolencia, al igual que cierta malicia, en el alma de tu paciente. Lo bueno es dirigir la malicia a sus vecinos inmediatos, a los que ve todos los días, y proyectar su benevolencia a la circunferencia remota, a gente que no conoce. Así, la malicia se hace totalmente real y la benevolencia en gran parte imaginaria. No sirve de nada inflamar su odio hacia los alemanes si, al mismo tiempo, un pernicioso hábito de caridad está desarrollándose entre él y su madre, su patrón, y el hombre que conoce en el tren. Piensa en tu hombre como en una serie de círculos concéntricos, de los que el más interior es su voluntad, después su intelecto, y finalmente su imaginación. Difícilmente puedes esperar, al instante, excluir de todos los círculos todo lo que huele al Enemigo; pero debes estar empujando constantemente todas las virtudes hacia fuera, hasta que estén finalmente situadas en el círculo de la imaginación, y todas las cualidades deseables hacia dentro, hacia el círculo de la voluntad. Sólo en la medida en que alcancen la voluntad y se conviertan en costumbres no son fatales las virtudes. (No me refiero, por supuesto, a lo que el paciente confunde con su voluntad, la furia y el apuro conscientes de las decisiones y los dientes apretados, sino el verdadero centro, lo que el Enemigo llama el corazón.) Todo tipo de virtudes pintadas en la imaginación o aprobadas por el intelecto, o, incluso, en cierta medida, amadas y admiradas, no dejarán a un hombre fuera de la casa de Nuestro Padre: de hecho, pueden hacerle más divertido cuando llegue a ella.

Tu cariñoso tío,

ESCRUTOPO

VII

Mi querido Orugario:

Me asombra que me preguntes si es esencial mantener al paciente ignorante de tu propia existencia. Esa pregunta, al menos durante la fase actual del combate, ha sido contestada para nosotros por el Alto Mando. Nuestra política, por el momento, es la de ocultarnos. Por supuesto, no siempre ha sido así. Nos encontramos, realmente, ante un cruel dilema. Cuando los humanos no creen en nuestra existencia perdemos todos los agradables resultados del terrorismo directo, y no hacemos brujos. Por otra parte, cuando creen en nosotros, no podemos hacerles materialistas y escépticos. Al menos, no todavía. Tengo grandes esperanzas de que aprenderemos, con el tiempo, a emotivizar y mitologizar su ciencia hasta tal punto que lo que es, en efecto, una creencia en nosotros (aunque no con ese nombre) se infiltrará en ellos mientras la mente humana permanece cerrada a la creencia en el Enemigo. La «Fuerza Vital», la adoración del sexo, y algunos aspectos del Psicoanálisis pueden resultar útiles en este sentido. Si alguna vez llegamos a producir nuestra obra perfecta —el Brujo Materialista, el hombre que no usa, sino meramente adora, lo que vagamente llama «fuerzas», al mismo tiempo que niega la existencia de «espíritus»—, entonces el fin de la guerra estará a la vista. Pero, mientras tanto, debemos obedecer nuestras órdenes. No creo que tengas mucha dificultad en mantener a tu paciente en la ignorancia. El hecho de que los «diablos» sean predominantemente figuras *cómicas* en la imaginación moderna te ayudará. Si la más leve sospecha de tu existencia empieza a surgir en su mente, insinúale una imagen de algo con mallas rojas, y persuádele de que, puesto que no puede creer en eso (es un viejo método de libro de texto de confundirles), no puede, en consecuencia, creer en ti.

No había olvidado mi promesa de estudiar si deberíamos hacer del paciente un patriota extremado o un extremado pacifista. Todos los extremos, excepto la extrema devoción al Enemigo, deben ser estimulados. No siempre, claro; pero sí en esta etapa. Algunas épocas son templadas y complacientes, y entonces nuestra misión consiste en adormecerlas más aún. Otras épocas, como la actual, son desequilibradas e inclinadas a dividirse en facciones, y nuestra tarea es inflamarlas. Cualquier pequeña capillita, unida por algún interés que otros hombres detestan o ignoran, tiende a desarrollar en su interior una encendida admiración mutua, y hacia el mundo exterior, una gran cantidad de orgullo y de odio, que es mantenida sin vergüenza porque la «Causa» es su patrocinadora y se piensa que es impersonal. Hasta cuando el pequeño grupo está originariamente al servicio de los planes del Enemigo, esto es cierto. Queremos que la Iglesia sea pequeña no sólo para que menos hombres puedan conocer al Enemigo, sino también para que aquellos que lo hagan puedan adquirir la incómoda intensidad y la virtuosidad defensiva de una secta secreta o una «clique». La Iglesia misma está, por supuesto, muy defendida, y nunca hemos logrado completamente darle *todas* las características de una facción; pero algunas facciones subordinadas, dentro de ella, han dado a menudo excelentes resultados, desde los partidos de Pablo y de Apolo en Corinto hasta los partidos Alto y Bajo dentro de la Iglesia Anglicana.

Si tu paciente puede ser inducido a convertirse en un objetor de conciencia, se encontrará inmediatamente un miembro de una sociedad pequeña, chillona, organizada e impopular, y el efecto de esto, en uno tan nuevo en la Cristiandad, será casi con toda seguridad bueno. Pero sólo *casi* con seguridad. ¿Tuvo dudas serias acerca de la licitud de servir en una guerra justa antes de que empezase esta guerra? ¿Es un hombre de gran valor físico, tan grande que no tendrá dudas semiconscientes acerca de los verdaderos motivos de su pacifismo? Si es ese tipo de hombre, su pacifismo no nos servirá seguramente de mucho, y el Enemigo probablemente le protegerá de las habituales consecuencias de pertenecer a una secta. Tu mejor plan, en ese caso, sería procurar una repentina y confusa crisis emotiva de la que pudiera salir como un incómodo converso al patriotismo. Tales cosas pueden conseguirse a menudo. Pero si es el hombre que creo, prueba con el pacifismo.

Adopte lo que sea, tu principal misión será la misma. Déjale empezar por considerar el patriotismo o el pacifismo como parte de su religión. Después déjale, bajo el influjo de un espíritu partidista, llegar a considerarlo la parte más importante. Luego, suave y gradualmente, guíale hasta la fase en la que la religión se convierte en meramente parte de la «Causa», en la que el cristianismo se valora primordialmente a causa de las excelentes razones a favor del esfuerzo bélico inglés o del pacifismo que puede suministrar. La actitud de la que debes guardarte es aquella en la que los asuntos materiales son tratados primariamente como materia de obediencia. Una vez que hayas hecho del mundo un fin, y de la fe un medio, ya casi has vencido a tu hombre, e importa muy poco qué clase de fin mundano persiga. Con tal de que los mítines, panfletos, políticas, movimientos, causas y cruzadas le importen más que las oraciones, los sacramentos y la caridad, será nuestro; y cuanto más «religioso» (en ese sentido), más seguramente nuestro. Podría enseñarte un buen montón aquí abajo.

Tu cariñoso tío,

ESCRUTOPO

VIII

Mi querido Orugario:

¿Con que tienes «grandes esperanzas de que la etapa religiosa del paciente esté finalizando», eh? Siempre pensé que la Academia de Entrenamiento se había hundido desde que pusieron al viejo Babalapo a su cabeza, y ahora estoy seguro. ¿No te ha hablado nadie nunca de la ley de la Ondulación?

Los humanos son anfibios: mitad espíritu y mitad animal. (La decisión del Enemigo de crear tan repugnante híbrido fue una de las cosas que hicieron que Nuestro Padre le retirase su apoyo.) Como espíritus, pertenecen al mundo eterno, pero como animales habitan el tiempo. Esto significa que mientras su espíritu puede estar orientado hacia un objeto eterno, sus cuerpos, pasiones y fantasías están cambiando constantemente, porque vivir en el tiempo equivale a cambiar. Lo más que puede acercarse a la constancia, por tanto, es la ondulación: el reiterado retorno a un nivel del que repetidamente vuelven a caer, una serie de simas y cimas. Si hubieses observado a tu paciente cuidadosamente, habrías visto esta ondulación en todos los aspectos de su vida: su interés por su trabajo, su afecto hacia sus amigos, sus apetencias físicas, todo sube y baja. Mientras viva en la tierra, períodos de riqueza y vitalidad emotiva y corporal alternarán con períodos de aletargamientos y pobreza. La sequía y monotonía que tu paciente está atravesando ahora no son, como gustosamente supones, obra tuya; son meramente un fenómeno natural que no nos beneficiará a menos que hagas buen uso de él.

Para decidir cuál es su mejor uso, debes preguntarte qué uso quiere hacer de él el Enemigo, y entonces hacer lo contrario. Ahora bien, puede sorprenderte aprender que, en sus esfuerzos por conseguir la posesión permanente de un alma, se apoya más aún en los bajos que en los altos; algunos de Sus favoritos especiales han atravesado bajos más largos y profundos que los demás. La razón es ésta: para nosotros, un humano es, ante todo, un alimento; nuestra meta es absorber su voluntad en la nuestra, el aumento a su expensa de nuestra propia área de personalidad. Pero la obediencia que el Enemigo exige de los hombres es otra cuestión. Hay que encararse con el hecho de que toda la palabrería acerca de Su amor a los hombres, y de que Su servicio es la libertad perfecta, no es (como uno creería con gusto) mera propaganda, sino espantosa verdad. Él realmente *quiere* llenar el universo de un montón de odiosas pequeñas réplicas de Sí mismo: criaturas cuya vida, a escala reducida, será cualitativamente como la Suya propia, no porque Él las haya absorbido, sino porque sus voluntades se pliegan libremente a la Suya. Nosotros queremos ganado que pueda finalmente convertirse en alimento; Él quiere siervos que finalmente puedan convertirse en hijos. Nosotros queremos sorber; Él quiere dar. Nosotros estamos vacíos y querríamos estar llenos; Él está lleno y rebosa. Nuestro objetivo de guerra es un mundo en el que Nuestro Padre de las Profundidades haya absorbido en su interior a todos los demás seres; el Enemigo desea un mundo lleno de seres unidos a Él, pero todavía distintos.

Y ahí es donde entran en juego los bajos. Debes haberte preguntado muchas veces por qué el Enemigo no hace más uso de Sus poderes para hacerse sensiblemente presente a las almas humanas en el grado y en el momento que Le parezca. Pero ahora ves que lo Irresistible y lo Indiscutible son las dos armas que la naturaleza misma de Su plan le prohíben utilizar. Para Él, sería inútil meramente dominar una voluntad humana (como lo haría, salvo en el grado más tenue y reducido, Su presencia sensible). No puede seducir. Sólo puede cortejar. Porque Su innoble idea es comerse el pastel y conservarlo; las criaturas han de ser una con Él, pero también ellas mismas; meramente cancelarlas, o asimilarlas, no serviría. Está dispuesto a dominar un poco al principio. Las pondrá en marcha con comunicaciones de Su presencia que, aunque tenues, les parecen grandes, con dulzura emotiva, y con fáciles victorias sobre la tentación. Pero Él nunca permite que este estado de cosas se prolongue. Antes o después retira, si no de hecho, sí al menos de su experiencia consciente, todos esos apoyos e incentivos. Deja que la criatura se mantenga sobre sus propias piernas, para cumplir, sólo a fuerza de voluntad, deberes que han perdido todo sabor. Es en esos períodos de bajas, mucho más que en los períodos de altos, cuando se está convirtiendo en el tipo de criatura que Él quiere que sea. De ahí que las oraciones ofrecidas en estado de sequía sean las que más le agradan. Nosotros podemos arrastrar a nuestros pacientes mediante continua tentación, porque los destinamos tan sólo a la mesa, y cuanto más intervengamos en su voluntad, mejor. Él no puede «tentar» a la virtud como nosotros al vicio. Él quiere que aprendan a andar, y debe, por tanto, retirar Su mano; y sólo con que de verdad exista en ellos la voluntad de andar, se siente complacido hasta por sus tropezones. No te engañes, Orugario. Nuestra causa nunca está tan en peligro como cuando un humano, que ya no desea pero todavía se propone hacer la voluntad de nuestro Enemigo, contempla un universo del que toda traza de Él parece haber desaparecido, y se pregunta por qué ha sido abandonado, y todavía obedece.

Pero, por supuesto, los bajos también ofrecen posibilidades para nuestro lado. La próxima semana te daré algunas ideas acerca de cómo explotarlos.

Tu cariñoso tío,

ESCRUTOPO

IX

Mi querido Orugario:

Espero que mi última carta te haya convencido de que el seno de monotonía o «sequía» que tu paciente está atravesando en la actualidad no te dará, por sí mismo, su alma, sino que necesita ser adecuadamente explotado. Ahora voy a considerar qué formas debería tomar esta explotación.

En primer lugar, siempre he encontrado que los períodos bajos de la ondulación humana suministran una excelente ocasión para todas las tentaciones sensuales, especialmente las del sexo. Esto quizá te sorprenda, porque, naturalmente, hay más energía física, y por tanto más apetito potencial, en los períodos altos; pero debes recordar que entonces los poderes de resistencia están también en su máximo. La salud y el estado de ánimo que te conviene utilizar para provocar la lujuria pueden también, sin embargo, ser muy fácilmente utilizados para el trabajo o el juego o la meditación o las diversiones inocuas. El ataque tiene mucho mayores posibilidades de éxito cuando el mundo interior del hombre es gris, frío y vacío. Y hay que señalar también que la sexualidad de los bajos es sutilmente distinta, cualitativamente, de la de los altos: es mucho menos probable que conduzca a ese débil fenómeno que los humanos llaman «estar enamorados», mucho más fácil

51

de empujar hacia las perversiones, mucho menos contaminado por esas concomitancias generosas, imaginativas e incluso espirituales que tan a menudo hacen tan decepcionante la sexualidad humana. Lo mismo ocurre con otros deseos de la carne. Es mucho más probable que consigas hacer de tu hombre un buen borracho imponiéndole la bebida como un anodino cuando está aburrido y cansado que animándole a usarla como un medio de diversión junto con sus amigos cuando se siente feliz y expansivo. Nunca olvides que cuando estamos tratando cualquier placer en su forma sana, normal y satisfactoria, estamos, en cierto sentido, en el terreno del Enemigo. Ya sé que hemos conquistado muchas almas por medio del placer. De todas maneras el placer es un invento Suyo, no nuestro. Él creó los placeres; todas nuestras investigaciones hasta ahora no nos han permitido producir ni uno. Todo lo que podemos hacer es incitar a los humanos a gozar los placeres que nuestro Enemigo ha inventado, en momentos, o en formas, o en grados que Él ha prohibido. Por eso tratamos siempre de alejarnos de la condición natural de un placer hacia lo que en él es menos natural, lo que menos huele a su Hacedor, y lo menos placentero. La fórmula es un ansia siempre creciente de un placer siempre decreciente. Es más seguro, y es de mejor *estilo*. Conseguir el alma del hombre y no darle *nada* a cambio: eso es lo que realmente alegra el corazón de Nuestro Padre. Y los bajos son el momento adecuado para empezar el proceso.

Pero existe una forma mejor todavía de explotar los bajos; me refiero a lograrlo por medio de los propios pensamientos del paciente acerca de ellos. Como siempre, el primer paso consiste en mantener el conocimiento fuera de su mente. No le dejes sospechar la existencia de la ley de la ondulación. Hazle suponer que los primeros ardores de su conversión podrían haber durado, y deberían haber durado siempre, y que su aridez actual es una situación igualmente permanente. Una vez que hayas conseguido fijar bien en su mente este error, puedes proseguir por varios medios. Todo depende de que tu hombre sea del tipo depresivo, al que se puede tentar a la desesperación, o del tipo inclinado a pensar lo que quiere, al que se le puede asegurar que todo va bien. El primer tipo se está haciendo raro entre los humanos. Si, por casualidad, tu paciente pertenece a él, todo es fácil. No tienes más que mantenerle alejado de cristianos con experiencia (una tarea fácil hoy día), dirigir su atención a los pasajes adecuados de las Escrituras, y luego ponerle a trabajar en el desesperado plan de recobrar sus viejos sentimientos por pura fuerza de voluntad, y la victoria es nuestra. Si es del tipo más esperanzado, tu trabajo es hacerle resignarse a la actual baja temperatura de su espíritu y que gradualmente se contente convenciéndose a sí mismo de que, después de todo, no es tan baja. En una semana o dos le estarás haciendo dudar si los primeros días de su cristianismo no serían, tal vez, un poco excesivos. Háblale sobre la «moderación en todas las cosas». Una vez que consigas hacerle pensar que «la religión está muy bien, pero hasta cierto punto», podrás sentirte satisfecho acerca de su alma. Una religión moderada es tan buena para nosotros como la falta absoluta de religión —y más divertida.

Otra posibilidad es la del ataque directo contra su fe. Cuando le hayas hecho suponer que el bajo es permanente, ¿no puedes persuadirle de que su «fase religiosa» va a acabarse, como todas sus fases precedentes? Por supuesto, no hay forma imaginable de pasar mediante la razón de la proposición: «Estoy perdiendo interés en esto» a la proposición: «Esto es falso.» Pero, como ya te dije, es en la jerga, y no en la razón, en lo que debes apoyarte. La mera palabra *fase* lo logrará probablemente. Supongo que la criatura ha atravesado varias anteriormente —todas lo han hecho—, y que siempre se siente superior y condescendiente para aquellas de las que ha salido, no porque las haya superado realmente, sino simplemente porque están en el pasado. (Confío en que le tengas bien alimentado con nebulosas ideas de Progreso y Desarrollo y el Punto de Vista Histórico, y en que le des a leer montones de biografías modernas; en ellas, la gente siempre está superando «fases», ¿no?)

¿Te das cuenta? Mantén su mente lejos de la simple antítesis entre lo Verdadero y lo Falso. Bonitas expresiones difusas —«Fue una fase», «Ya he superado todo eso»—, y no olvides la bendita palabra «Adolescente».

Tu cariñoso tío,

ESCRUTOPO

X

Mi querido Orugario:

Me encantó saber por Tripabilis que tu paciente ha hecho varios nuevos conocidos muy deseables y que pareces haber aprovechado este acontecimiento de forma verdaderamente prometedora. Supongo que el matrimonio de mediana edad que visitó su oficina es precisamente el tipo de gente que nos conviene que conozca: rica, de buen tono, superficialmente intelectual y brillantemente escéptica respecto a todo. Deduzco que incluso son vagamente pacifistas, no por motivos morales sino a consecuencia del arraigado hábito de minimizar cualquier cosa que preocupe a la gran masa de sus semejantes, y de una gota de comunismo puramente literario y de moda. Esto es excelente. Y pareces haber hecho buen uso de toda su vanidad social, sexual e intelectual. Cuéntame más. ¿Se comprometió a fondo? No me refiero a verbalmente. Hay un sutil juego de miradas, tonos y sonrisas mediante el que un mortal puede dar a entender que es del mismo partido que aquellos con quienes está hablando. Ésa es la clase de traición que deberías estimular de un modo especial, porque el hombre no se da cuenta de ella totalmente; y para cuando lo haga, ya habrás hecho difícil la retirada.

Sin duda, muy pronto se dará cuenta de que su propia fe

está en directa oposición a los supuestos en que se basa toda la conversación de sus nuevos amigos. No creo que eso importe mucho, siempre que puedas persuadirle de que posponga cualquier reconocimiento abierto de este hecho, y esto, con la ayuda de la vergüenza, el orgullo, la modestia y la vanidad, será fácil de conseguir. Mientras dure el aplazamiento, estará en una posición falsa. Estará callado cuando debería hablar, y se reirá cuando debería callarse. Asumirá, primero sólo por sus modales, pero luego por sus palabras, todo tipo de actitudes cínicas y escépticas que no son realmente suyas. Pero, si le manejas bien, pueden hacerse suyas. Todos los mortales tienden a convertirse en lo que pretenden ser. Esto es elemental. La verdadera cuestión es cómo prepararse para el contraataque del Enemigo.

Lo primero es retrasar tanto como sea posible el momento en que se dé cuenta de que este nuevo placer es una tentación. Como los servidores del Enemigo llevan predicando acerca del «mundo» como una de las grandes tentaciones típicas dos mil años, esto podría parecer difícil de conseguir. Pero, afortunadamente, han dicho muy poco acerca de él en las últimas décadas. En los modernos escritos cristianos, aunque veo muchos (de hecho, más de los que quisiera) acerca de Mammón, veo pocas de las viejas advertencias sobre las Vanidades Mundanas, la Elección de Amigos y el Valor del Tiempo. Todo eso lo calificaría tu paciente, probablemente, de «puritanismo». ¿Puedo señalar, de paso, que el valor que hemos dado a esa palabra es uno de los triunfos verdaderamente sólidos de los últimos cien años? Mediante ella, rescatamos anualmente de la templanza, la castidad y la austeridad de vida a millares de humanos.

Antes o después, sin embargo. La verdadera naturaleza de sus nuevos amigos le aparecerá claramente, y entonces tus tácticas deben depender de la inteligencia del paciente. Si es lo bastante tonto, puedes conseguir que sólo se dé cuenta del carácter de sus amigos cuando están ausentes; se puede conseguir que su presencia barra toda crítica. Si esto tiene éxito, se le puede inducir a vivir como muchos humanos que he conocido, que han vivido, durante períodos bastante largos, dos vidas paralelas; no sólo parecerá, sino que será, de hecho, un hombre diferente en cada uno de los círculos que frecuente. Si esto falla, existe un método más sutil y entretenido. Se le puede hacer sentir auténtico placer en la percepción de que las dos caras de su vida son inconsistentes. Esto se consigue explotando su vanidad. Se le puede enseñar a disfrutar de estar de rodillas junto al tendero el domingo sólo de pensar que el tendero no podría entender el mundo urbano y burlón que habitaba él la noche del sábado; y, recíprocamente, disfrutar más aún de la indecente y blasfema sobremesa con estos admirables amigos pensando que hay un mundo «más profundo y espiritual» en su interior que ellos ni pueden imaginar. ¿Comprendes?: los amigos mundanos le afectan por un lado y el tendero por otro, y él es el hombre completo, equilibrado y complejo que ve alrededor de todos ellos. Así, mientras está traicionando permanentemente a por lo menos dos grupos de personas, sentirá, en lugar de vergüenza, una continua corriente subterránea de satisfacción de sí mismo. Por último, si falla todo lo demás, le puedes convencer, desafiando a su conciencia, de que siga cultivando esta nueva amistad, con la excusa de que, de alguna manera no especificada, les está haciendo «bien» por el mero hecho de beber sus *cocktails* y reír sus chistes, y que dejar de hacerlo sería «mojigato», «intolerante» y (por supuesto) «puritano».

Entretanto has de tomar, claro está, la obvia precaución de procurar que este nuevo desarrollo le induzca a gastar más de lo que puede permitirse y a abandonar su trabajo y a su madre. Los celos y la alarma de ésta, y la creciente evasividad y brusquedad del paciente, serán invaluables para agravar la tensión doméstica.

Tu cariñoso tío,

ESCRUTOPO

57

XI

Mi querido Orugario:

Evidentemente, todo va muy bien. Me alegra especialmente saber que sus dos nuevos amigos ya le han presentado a todo el grupo. Todos ellos, según he averiguado por el archivo, son individuos de absoluta confianza: frívolos y mundanos constantes y consumados que, sin necesidad de cometer crímenes espectaculares, avanzan tranquila y cómodamente hacia la casa de Nuestro Padre. Dices que se ríen mucho; confío en que eso no quiera decir que tienes la idea de que la risa, en sí misma, esté siempre de nuestra parte. El asunto merece cierta atención.

Yo distingo cuatro causas de la risa humana: la alegría, la diversión, el chiste y la ligereza. Podrás ver la primera de ellas en una reunión en vísperas de fiesta de amigos y amantes. Entre adultos, suele usarse como pretexto el contar chistes, pero la facilidad con que las mínimas ingeniosidades provocan, en tales ocasiones, la risa, demuestra que los chistes no son su verdadera causa. Cuál pueda ser la verdadera causa es algo que ignoramos por completo. Algo parecido encuentra su expresión en buena parte de ese arte detestable que los humanos llaman música, y algo así ocurre en el Cielo: una aceleración insensata en el ritmo de la experiencia celestial, que nos resulta totalmente impenetrable. Tal tipo de risa no nos beneficia nada, y debe evitarse en todo momento. Además, el fenómeno es, en sí, desagradable, y supone un insulto directo al realismo, la dignidad y la austeridad del Infierno.

La diversión tiene una íntima relación con la alegría: es una especie de espuma emocional, que procede del instinto de juego. Nos es de muy poca utilidad. A veces puede servirnos, claro está, para distraer a los humanos de lo que al Enemigo le gustaría que hiciesen o sintiesen, pero predispone a cosas totalmente indeseables: fomenta la caridad, el valor, el contento, y muchos males más.

El chiste que nace de la súbita percepción de la incongruencia, es un campo mucho más prometedor. No me estoy refiriendo, principalmente, al chiste indecente u obsceno, que —a pesar de lo mucho que confían en él los tentadores de segunda categoría— es, con frecuencia, muy decepcionante en sus resultados. La verdad es que los humanos están, en este aspecto, bastante claramente divididos en dos categorías. Hay algunos para los que «ninguna pasión es tan seria como la lujuria», y para los que una historia indecente deja de provocar lascivia precisamente en la medida en que resulte divertida; hay otros cuya risa y cuya lujuria son excitadas simultáneamente y por las mismas cosas. El primer tipo de humanos bromea acerca del sexo porque da lugar a muchas incongruencias; el segundo, en cambio, cultiva las incongruencias porque dan pretexto a hablar del sexo. Si tu hombre es del primer tipo, el humor obsceno no te será de mucha ayuda: nunca olvidaré las horas (para mí, de insoportable tedio) que perdí con uno de mis primeros pacientes, en bares y salones, antes de aprender esa regla. Averigua a qué grupo pertenece el paciente, y procura que él *no* lo averigüe.

La verdadera utilidad de los chistes o el humor apunta en una dirección muy distinta, y es especialmente prometedora entre los ingleses, que se toman tan en serio su «sentido del humor» que la falta de este sentido es casi la única deficiencia de la que se avergüenzan. El humor es, para ellos, el don vital que consuela de todo y que (fíjate bien) todo lo excusa. Es, por tanto, un medio inapreciable para destruir el pudor. Si un hombre deja, simplemente, que los demás paguen por él, es un «tacaño»; si presume de ello jocosamente, y le toma el pelo a sus amigos por permitir que se aproveche de ellos, entonces ya no es un «tacaño», sino un tipo gracioso. La mera cobardía es vergonzosa; la cobardía de la que se presume con exageraciones humorísticas y con gestos grotescos puede pasar por divertida. La crueldad es vergonzosa, a menos que el hombre cruel consiga presentarla como una broma pesada. Mil chistes obscenos, o incluso blasfemos, no contribuyen a la condenación de un hombre tanto como el descubrimiento de que puede hacer casi cualquier cosa que le apetezca no sólo sin la desaprobación de sus semejantes, sino incluso con su admiración, simplemente con lograr que se tome como una broma. Y esta tentación puedes ocultársela casi enteramente a tu paciente, gracias precisadamente a la seriedad de los ingleses acerca del humor. Cualquier insinuación de que puede ser demasiado humor, por ejemplo, se le puede presentar como «puritana», o como evidencia de «falta de humor».

Pero la ligereza es la mejor de todas estas causas. En primer lugar, resulta muy económica: sólo a un humano inteligente se le puede ocurrir un chiste a costa de la virtud (o, de hecho, de cualquier otra cosa); en cambio, a cualquiera le podemos enseñar a hablar *como si* la virtud fuese algo cómico. Las personas ligeras suponen siempre que son chistosas; en realidad, nadie hace chistes, pero cualquier tema serio se trata de un modo que implica que ya le han encontrado un lado ridículo. Si se prolonga, el hábito de la ligereza construye en torno al hombre la mejor coraza que conozco frente al Enemigo, y carece, además, de los riesgos inherentes a otras causas de risa. Está a mil kilómetros de la alegría; embota, en lugar de agudizarlo, el intelecto, y no fomenta el afecto entre aquellos que la practican.

Tu cariñoso tío,

ESCRUTOPO

60

XII

Mi querido Orugario:

Evidentemente, estás haciendo espléndidos progresos. Mi único temor es que, al intentar meter prisa al paciente, le despiertes y se dé cuenta de su verdadera situación. Porque tú y yo, que vemos esa situación tal como es realmente, no debemos olvidar nunca cuán diferente debe parecerle a él. Nosotros sabemos que hemos introducido en su trayectoria un cambio de dirección que le está alejando ya de su órbita alrededor del Enemigo; pero hay que hacer que él se imagine que todas las decisiones que han producido este cambio de trayectoria son triviales y revocables. No se le debe permitir sospechar que ahora está, por lentamente que sea, alejándose del sol en una dirección que le conducirá al frío y a las tinieblas del vacío absoluto.

Por este motivo, casi celebro saber que todavía va a misa y comulga. Sé que esto tiene peligros; pero cualquier cosa es buena con tal de que no llegue a darse cuenta de hasta qué punto ha roto con los primeros meses de su vida cristiana: mientras conserve externamente los hábitos de un cristiano, se le podrá hacer pensar que ha adoptado algunos amigos y diversiones nuevos, pero que su estado espiritual es muy semejante al de seis semanas antes, y, mientras piense eso, no tendremos que luchar con el arrepentimiento explícito por un pecado definido y plenamente reconocido, sino sólo con una vaga, aunque incómoda, sensación de que no se ha portado muy bien últimamente.

Esta difusa incomodidad necesita un manejo cuidadoso. Si se hace demasiado fuerte, puede despertarle, y echar a perder todo el juego. Por otra parte, si las suprimes completamente —lo que, de pasada, el Enemigo probablemente no permitirá—, perdemos un elemento de la situación que puede conseguirse que nos sea favorable. Si se permite que tal sensación subsista, pero no que se haga irresistible y florezca en un verdadero arrepentimiento, tiene una invaluable tendencia: aumenta la resistencia del paciente a pensar en el Enemigo. Todos los humanos, en casi cualquier momento, sienten en cierta medida esta reticencia; pero cuando pensar en Él supone encararse —intensificándola— con una vaga nube de culpabilidad sólo a medias consciente, tal resistencia se multiplica por diez. Odian cualquier cosa que les recuerde al Enemigo, al igual que los hombres en dificultades económicas detestan la simple visión de un talonario. En tal estado, tu paciente no sólo omitirá sus deberes religiosos, sino que le desagradarán cada vez más. Pensará en ellos de antemano lo menos que crea decentemente posible, y se olvidará de ellos, una vez cumplidos, tan pronto como pueda. Hace unas semanas necesitabas *tentarle* al irrealismo y a la falta de atención cuando rezaba, pero ahora te encontrarás con que te recibe con los brazos abiertos y casi te implora que le desvíes de su propósito y que adormezcas su corazón. *Querrá* que sus oraciones sean irreales, pues nada le producirá tanto terror como el contacto efectivo con el Enemigo. Su intención será la de «dejar la fiesta en paz».

Al irse estableciendo más completamente esta situación, te irás librando, paulatinamente, del fatigoso trabajo de ofrecer placeres como tentaciones. Al irle separando cada vez más de toda auténtica felicidad esa incomodidad, y su resistencia a enfrentarse con ella, y como la costumbre va haciendo al mismo tiempo menos agradables y menos fácilmente renunciables (pues eso es lo que el hábito hace, por suerte, con los placeres) los placeres de la vanidad, de la excitación y de la ligereza, descubrirás que cualquier cosa, o incluso ninguna, es suficiente para atraer su atención errante. Ya no necesitas un buen libro, que le guste de verdad, para mantenerle alejado de sus oraciones, de su trabajo o de su reposo; te bastará con una columna de anuncios por palabras en el periódico de ayer. Le puedes hacer perder el tiempo no ya en una conversación amena, con gente de su agrado, sino incluso hablando con personas que no le interesan lo más mínimo de cuestiones que le aburren. Puedes lograr que no haga absolutamente nada durante períodos prolongados. Puedes hacerle trasnochar, no yéndose de juerga, sino contemplando un fuego apagado en un cuarto frío. Todas esas actividades sanas y extrovertidas que queremos evitarle pueden impedírsele sin darle *nada* a cambio, de tal forma que pueda acabar diciendo, como dijo al llegar aquí abajo uno de mis pacientes, «Ahora veo que he dejado pasar la mayor parte de mi vida sin hacer *ni* lo que debía *ni* lo que me apetecía». Los cristianos describen al Enemigo como aquél «sin quien nada es fuerte». Y la Nada es muy fuerte: lo suficiente como para privarle a un hombre de sus mejores años, y no cometiendo dulces pecados, sino en una mortecina vacilación de la mente sobre no sabe qué ni por qué, en la satisfacción de curiosidades tan débiles que el hombre es sólo medio-consciente de ellas, en tamborilear con los dedos y pegar taconazos, en silbar melodías que no le gustan, o en el largo y oscuro laberinto de unos ensueños que ni siquiera tienen lujuria o ambición para darles sabor, pero que, una vez iniciados por una asociación de ideas puramente casual, no pueden evitarse, pues la criatura está demasiado débil y aturdida como para librarse de ellos.

Dirás que son pecadillos, y, sin duda, como todos los tentadores jóvenes, estás deseando poder dar cuenta de maldades espectaculares. Pero, recuérdalo bien, lo único que de verdad importa es en qué medida apartas al hombre del Enemigo. No importa lo leves que puedan ser sus faltas, con tal de que su efecto acumulativo sea empujar al hombre lejos de la Luz y hacia el interior de la Nada. El asesinato no es mejor que la baraja, si la baraja es suficiente para lograr este fin. De hecho, el camino más seguro hacia el Infierno es el gradual: la suave ladera, blanda bajo el pie, sin giros bruscos, sin mojones, sin señalizaciones.

Tu cariñoso tío,

ESCRUTOPO

XIII

Mi querido Orugario:

Me parece que necesitas demasiadas páginas para contar una historia muy simple. En resumidas cuentas, que has dejado que ese hombre se te escurra entre los dedos de la mano. La situación es muy grave, y realmente no veo motivo alguno por el que debiera tratar de protegerte de las consecuencias de tu ineficiencia. Un arrepentimiento y una renovación de lo que el otro llama «gracia» de la magnitud que tú mismo describes, supone una derrota de primer orden. Equivale a una segunda conversión... y, probablemente, más profunda que la primera.

Como debieras saber, la nube asfixiante que te impidió atacar al paciente durante el paseo de regreso del viejo molino es un fenómeno muy conocido. Es el arma más brutal del Enemigo, y generalmente aparece cuando Él se hace directamente presente al paciente, bajo ciertas formas aún no completamente clasificadas. Algunos humanos están permanentemente envueltos en ella, y nos resultan, por tanto, totalmente inaccesibles.

Y ahora, veamos tus errores. En primer lugar, según tú mismo dices, permitiste que tu paciente leyera un libro del que realmente disfrutaba, no para que hiciese comentarios ingeniosos a costa de él ante sus nuevos amigos, sino meramente porque disfrutaba de ese libro. En segundo lugar, le permitiste andar hasta el viejo molino y tomar allí el té: un paseo por un campo que realmente le gusta, y encima a solas. En otras palabras: le permitiste dos auténticos placeres positivos. ¿Fuiste tan ignorante que no viste el peligro que entrañaba esto? Lo característico de las penas y de los placeres es que son inequívocamente reales y, en consecuencia, mientras duran, le proporcionan al hombre un patrón de la realidad. Así, si tratases de condenar a tu hombre por el método romántico —haciendo de él una especie de Childe Harold o Werther, autocompadeciéndose de penas imaginarias—, tratarías de protegerle, a cualquier precio, de cualquier dolor real; porque, naturalmente, cinco minutos de auténtico dolor de muelas revelarían la tontería que eran sus sufrimientos románticos, y desenmascararían toda tu estratagema. Pero estabas intentando hacer que tu paciente se condenase por el Mundo, esto es, haciéndole aceptar como placeres la vanidad, el ajetreo, la ironía y el tedio costoso. ¿Cómo puedes no haberte dado cuenta de que un placer *real* era lo último que debías permitirle? ¿No previste que, por contraste, acabaría con todos los oropeles que tan trabajosamente le has estado enseñando a apreciar? ¿Y que el tipo de placer que le dieron el libro y el paseo es el más peligroso de todos? ¿Que le arrancaría la especie de costra que has ido formando sobre su sensibilidad, y le haría sentir que está regresando a su hogar, recobrándose a sí mismo? Como un paso previo para separarle del Enemigo, querías apartarle de sí mismo, y habías hecho algunos progresos en esa dirección. Ahora, todo eso está perdido.

Sé, naturalmente, que el Enemigo también quiere apartar de sí mismos a los hombres, pero en otro sentido. Recuerda siempre que a Él le gustan realmente esos gusanillos, y que da un absurdo valor a la individualidad de cada uno de ellos. Cuando Él habla de que pierdan su «yo», Se refiere tan sólo a que abandonen el clamor de su propia voluntad. Una vez hecho esto, Él les devuelve realmente toda su personalidad, y pretende (me temo que sinceramente) que, cuando sean completamente Suyos, serán más «ellos mismos» que nunca. Por tanto, mientras que Le encanta ver que sacrifican a Su voluntad hasta sus deseos más inocentes, detesta ver que se alejen de su propio carácter por cualquier otra razón. Y nosotros debemos inducirles siempre a que hagan *eso.* Los gustos y las inclinaciones más profundas de un hombre constituyen la materia prima, el punto de partida que el Enemigo le ha proporcionado. Alejar al hombre de ese punto de partida es siempre, pues, un tanto a nuestro favor; incluso en cuestiones indiferentes, siempre es conveniente sustituir los gustos y las aversiones auténticas de un humano por los patrones mundanos, o la convención, o la moda. Yo llevaría esto muy lejos: haría una norma erradicar de mi paciente cualquier gusto personal intenso que no constituya realmente un pecado, incluso si es algo tan completamente trivial como la afición al *cricket,* o a coleccionar sellos, o a beber batidos de cacao. Estas cosas, te lo aseguro, de virtudes no tienen nada; pero hay en ellas una especie de inocencia, de humildad, de olvido de uno mismo, que me hacen desconfiar de ellas; el hombre que verdadera y desinteresadamente disfruta de algo, por ello mismo, y sin importarle un comino lo que digan los demás, está protegido, por eso mismo, contra algunos de nuestros métodos de ataque más sutiles. Debes tratar de hacer siempre que el paciente abandone la gente, la comida o los libros que le gustan de verdad, y que los sustituya por la «mejor» gente, la comida «adecuada» o los libros «importantes». Conocí a un humano que se vio defendido de fuertes tentaciones de ambición social por una afición, más fuerte todavía, a los callos con cebolla.

Falta considerar de qué forma podemos resarcirnos de este desastre. Lo mejor es impedir que haga cualquier cosa. Mientras no lo ponga en práctica, no importa cuánto piense en este nuevo arrepentimiento. Deja que el animalillo se revuelque en su arrepentimiento. Déjale, si tiene alguna inclinación en ese sentido, que escriba un libro sobre él; suele ser una manera excelente de esterilizar las semillas que el Enemigo planta en el alma humana. Déjale hacer lo que sea, menos actuar. Ninguna cantidad, por grande que sea, de piedad en su imaginación y en sus afectos nos perjudicará, si logramos mantenerla fuera de su voluntad. Como dijo uno de los humanos, los hábitos activos se refuerzan por la repetición, pero los pasivos se debilitan. Cuanto más a menudo sienta sin actuar, menos capaz será de llegar a actuar alguna vez, y, a la larga, menos capaz será de sentir.

Tu cariñoso tío,

ESCRUTOPO

68

XIV

Mi querido Orugario:

Lo más alarmante de tu último informe sobre el paciente es que no está tomando ninguna de aquellas confiadas resoluciones que señalaron su conversión original. Ya no hay espléndidas promesas de perpetua virtud, deduzco; ¡ni siquiera la expectativa de una concesión de la «gracia» para toda la vida, sino sólo una esperanza de que se le dé el alimento diario y horario para enfrentarse con las diarias y horarias tentaciones! Esto es muy malo.

Sólo veo una cosa que hacer, por el momento. Tu paciente se ha hecho humilde: ¿le has llamado la atención sobre este hecho? Todas las virtudes son menos formidables para nosotros una vez que el hombre es consciente de que las tiene, pero esto es particularmente cierto de la humildad. Cógele en el momento en que sea realmente pobre de espíritu, y métele de contrabando en la cabeza la gratificadora reflexión: «¡Caramba, estoy siendo humilde!», y casi inmediatamente el orgullo —orgullo de su humildad— aparecerá. Si se percata de este peligro y trata de ahogar esta nueva forma de orgullo, hazle sentirse orgulloso de su intento, y así tantas veces como te plazca. Pero no intentes esto durante demasiado tiempo, no vayas a despertar su sentido del humor y de las proporciones, en cuyo caso simplemente se reirá de ti y se irá a la cama.

Pero hay otras formas aprovechables de fijar su atención en la virtud de la humildad. Con esta virtud, como con todas las demás, nuestro Enemigo quiere apartar la atención del hombre de sí mismo y dirigirla hacia Él, y hacia los vecinos del hombre. Todo el abatimiento y el auto-odio están diseñados, a la larga, sólo para este fin; a menos que alcancen este fin, nos hacen poco daño, e incluso pueden beneficiarnos si mantienen al hombre preocupado consigo mismo; sobre todo, su autodesprecio puede convertirse en el punto de partida del desprecio a los demás y, por tanto, del pesimismo, del cinismo y de la crueldad.

En consecuencia, debes ocultarle al paciente la verdadera finalidad de la humildad. Déjale pensar que es, no olvido de sí mismo, sino una especie de opinión (de hecho, una mala opinión) acerca de sus propios talentos y carácter. Algún talento, supongo, tendrá realmente. Fija en su mente la idea de que la humildad consiste en tratar de creer que esos talentos son menos valiosos de lo que él cree que son. Sin duda *son* de hecho menos valiosos de lo que él cree, pero no es ésa la cuestión. Lo mejor es hacerle valorar una opinión por alguna cualidad diferente de la verdad, introduciendo así un elemento de deshonestidad y simulación en el corazón de lo que, de otro modo, amenaza con convertirse en una virtud. Por este método, a miles de humanos se les ha hecho pensar que la humildad significa mujeres bonitas tratando de creer que son feas y hombres inteligentes tratando de creer son tontos. Y puesto que lo que están tratando de creer puede ser, en algunos casos, manifiestamente absurdo, no pueden conseguir creerlo, y tenemos la ocasión de mantener su mente dando continuamente vueltas alrededor de sí mismos, en un esfuerzo por lograr lo imposible. Para anticiparnos a la estrategia del Enemigo, debemos considerar sus propósitos. El Enemigo quiere conducir al hombre a un estado de ánimo en el que podría diseñar la mejor catedral del mundo, y saber que es la mejor, y alegrarse de ello, sin estar más (o menos) o de otra manera contento de haberlo hecho él que si lo hubiese hecho otro. El Enemigo quiere, finalmente, que esté tan libre de cualquier prejuicio a su propio favor que pueda alegrarse de sus propios talentos tan franca y agradecidamente como de los talentos de su prójimo... o de un amanecer, un elefante, o una catarata. Quiere que cada hombre, a la larga, sea capaz de reconocer a todas las criaturas (incluso a sí mismo) como cosas gloriosas y excelentes. Él quiere matar su amor propio animal tan pronto como sea posible; pero Su política a largo plazo es, me temo, devolverles una nueva especie de amor propio: una caridad y gratitud a todos los seres, incluidos ellos mismos; cuando hayan aprendido realmente a amar a sus prójimos como a sí mismos, les será permitido amarse a sí mismos como a sus prójimos. Porque nunca debemos olvidar el que es el rasgo más repelente e inexplicable de nuestro Enemigo: Él *realmente* ama a los bípedos sin pelo que Él ha creado, y siempre les devuelve con Su mano derecha lo que les ha quitado con la izquierda.

Todo su esfuerzo, en consecuencia, tenderá a apartar totalmente del pensamiento del hombre el tema de su propio valor. Preferiría que el hombre se considerase un gran arquitecto o un gran poeta y luego se olvidase de ello a que dedicase mucho tiempo y esfuerzo a tratar de considerarse uno malo. Tus esfuerzos por inculcar al paciente o vanagloria o falsa modestia serán combatidos consecuentemente por parte del Enemigo, con el obvio recordatorio de que al hombre no se le suele pedir que tenga opinión alguna de sus propios talentos, ya que muy bien puede seguir mejorándolos cuanto pueda sin decidir su preciso lugar en el templo de la Fama. Debes tratar, a cualquier costo, de excluir este recordatorio de la conciencia del paciente. El Enemigo tratará también de hacer real en la mente del paciente una doctrina que todos ellos profesan, pero que les resulta difícil introducir en sus sentimientos: la doctrina de que ellos no se crearon a sí mismos, de que sus talentos les fueron dados, y de que también podrían sentirse orgullosos del color de su pelo. Pero siempre, y por todos los medios, el propósito del Enemigo será apartar el pensamiento del paciente de tales cuestiones, y el tuyo consistirá en fijarlo en ellas. Ni siquiera quiere el Enemigo que piense demasiado en sus pecados: una vez que está arrepentido, cuanto antes vuelva el hombre su atención hacia fuera, más complacido se siente el Enemigo.

Tu cariñoso tío,

ESCRUTOPO

XV

Mi querido Orugario:

Por supuesto, había observado que los humanos estaban atravesando un respiro en su guerra europea —¡lo que ingenuamente llaman «La Guerra»!—, y no me sorprende que haya una tregua correlativa en las inquietudes del paciente. ¿Nos conviene estimular esto o mantenerle preocupado? Tanto el temor torturado como la estúpida confianza son estados de ánimo deseables. Nuestra elección entre ellos suscita cuestiones importantes.

Los humanos viven en el tiempo, pero nuestro Enemigo les destina a la Eternidad. Él quiere, por tanto, creo yo, que atiendan principalmente a dos cosas: a la eternidad misma y a ese punto del tiempo que llaman el presente. Porque el presente es el punto en el que el tiempo coincide con la eternidad. Del momento presente, y sólo de él, los humanos tienen una experiencia análoga a la que nuestro Enemigo tiene de la realidad como un todo; sólo en el presente la libertad y la realidad les son ofrecidas. En consecuencia, Él les tendría continuamente preocupados por la eternidad (lo que equivale a preocupados por Él) o por el presente; o meditando acerca de su perpetua unión con, o separación de, Él, o si no obedeciendo la presente voz de la conciencia, soportando la cruz presente, recibiendo la gracia presente, dando gracias por el placer presente.

Nuestra tarea consiste en alejarles de lo eterno y del presente. Con esto en mente, a veces tentamos a un humano (pongamos una viuda o un erudito) a vivir en el pasado. Pero esto tiene un valor limitado, porque tienen algunos conocimientos reales sobre el pasado, y porque el pasado tiene una naturaleza determinada, y, en eso, se parece a la eternidad. Es mucho mejor hacerles vivir en el futuro. La necesidad biológica hace que todas sus pasiones apunten ya en esa dirección, así que pensar en el futuro enciende la esperanza y el temor. Además, les es desconocido, de forma que al hacerles pensar en el futuro les hacemos pensar en cosas irreales. En una palabra, el futuro es, de todas las cosas, la *menos* parecida a la eternidad. Es la parte más completamente temporal del tiempo, porque el pasado está petrificado y ya no fluye, y el presente está totalmente iluminado por los rayos eternos. De ahí el impulso que hemos dado a esquemas mentales como la Evolución Creativa, el Humanismo Científico, o el Comunismo, que fijan los afectos del hombre en el futuro, en el corazón mismo de la temporalidad. De ahí que casi todos los vicios tengan sus raíces en el futuro. La gratitud mira al pasado y el amor al presente; el miedo, la avaricia, la lujuria y la ambición miran hacia delante. No creas que la lujuria es una excepción. Cuando llega el placer presente, el pecado (que es lo único que nos interesa) ya ha pasado. El placer es sólo la parte del proceso que lamentamos y que excluiríamos si pudiésemos hacerlo sin perder el pecado; es la parte que aporta el Enemigo, y por tanto experimentada en el presente. El pecado, que es nuestra contribución, miraba hacia delante.

Desde luego, el Enemigo quiere que los hombres piensen también en el futuro: pero sólo en la medida en que sea necesario para planear *ahora* los actos de justicia o caridad que serán probablemente su deber mañana. El deber de planear el trabajo del día siguiente es el deber de *hoy;* aunque su material está tomado prestado del futuro, el deber, como todos los deberes, está en el presente. Esto es ahora como partir una paja. Él no quiere que los hombres le den al futuro sus corazones, ni que pongan en él su tesoro. Nosotros, sí. Su ideal es un hombre que, después de haber trabajado todo el día por el bien de la posteridad (si ésa es su vocación), lava su mente de todo el tema, encomienda el resultado al Cielo y vuelve al instante a la paciencia o gratitud que exige el momento que está atravesando. Pero nosotros queremos un hombre atormentado por el futuro: hechizado por visiones de un Cielo o un Infierno inminente en la tierra —dispuesto a violar los mandamientos del Enemigo en el presente si le hacemos creer que, haciéndolo, puede alcanzar el Cielo o evitar el Infierno—, que dependen para su fe del éxito o fracaso de planes cuyo fin no vivirá para ver. Queremos toda una raza perpetuamente en busca del fin del arco iris, nunca honesta, ni gentil, ni dichosa *ahora*, sino siempre sirviéndose de todo don verdadero que se les ofrezca en el presente como de un mero combustible con el que encender el altar del futuro.

De lo que se deduce, pues, en general —si las demás condiciones permanecen constantes—, que es mejor que tu paciente esté lleno de inquietud o de esperanza (no importa mucho cuál de ellas) acerca de esta guerra que el que viva en el presente. Pero la frase «vivir en el presente» es ambigua: puede describir un proceder que, en realidad, está tan pendiente del futuro como la ansiedad misma; tu hombre puede no preocuparse por el futuro no porque le importe el presente, sino porque se ha autoconvencido de que el futuro va a ser agradable, y mientras sea ésta la verdadera causa de su tranquilidad, tal tranquilidad nos será propicia, pues no hará otra cosa que amontonar más decepciones, y por tanto más impaciencia, cuando sus infundadas esperanzas se desvanezcan. Sí, por el contrario, es consciente de que le pueden esperar cosas horribles, y reza para pedir las virtudes necesarias para enfrentarse con tales horrores, y entretanto se ocupa el presente, porque en éste, y sólo en éste, residen todos los deberes, toda la gracia, toda la sabiduría y todo el placer, su estado es enormemente indeseable y debe ser atacado al instante. También aquí ha hecho un buen trabajo nuestra Arma Filológica: prueba a utilizar con él la palabra «complacencia». De todas formas, lo más probable es, claro está, que no esté «viviendo en el presente» por ninguna de estas razones, sino simplemente porque está bien de salud y disfruta con su trabajo. El fenómeno sería entonces puramente natural. En cualquier caso, yo en tu lugar lo destruiría: ningún fenómeno natural está realmente de nuestra parte, y, de todas maneras, ¿por qué *habría* de ser feliz la criatura?

Tu cariñoso tío,

ESCRUTOPO

XVI

Mi querido Orugario:

En tu última carta, mencionabas de pasada que el paciente ha seguido yendo a una iglesia, y sólo a una, desde su conversión, y que no está totalmente satisfecho de ella. ¿Puedo preguntarte qué es lo que haces? ¿Por qué no tengo ya un informe sobre las causas de su fidelidad a la iglesia parroquial? ¿Te das cuenta de que, a menos que sea por indiferencia, esto es muy malo? Sin duda sabes que, si a un hombre no se le puede curar de la manía de ir a la iglesia, lo mejor que se puede hacer es enviarle a recorrer todo el barrio, en busca de la iglesia que «le va», hasta que se convierta en un catador o *connoisseur* de iglesias.

Las razones de esto son obvias. En primer lugar, la organización parroquial siempre debe ser atacada, porque, al ser una unidad del lugar, y no de gustos, agrupa a personas de diferentes clases y psicologías en el tipo de unión que el Enemigo desea. El principio de la congregación, en cambio, hace de cada iglesia una especie de club, y, finalmente, si todo va bien, un grupúsculo o facción. En segundo lugar, la búsqueda de una iglesia «conveniente» hace del hombre un crítico, cuando el Enemigo quiere que sea un discípulo. Lo que Él quiere del laico en la iglesia es una actitud que puede, de hecho, ser crítica, en tanto que puede rechazar lo que sea falso o inútil, pero que es totalmente acrítica en tanto que no valora: no pierde el tiempo en pensar en lo que rechaza, sino que se abre en humilde y muda receptividad a cualquier alimento que se le dé. (¡Fíjate lo rastrero, antiespiritual e incorregiblemente vulgar que es el Enemigo!) Esta actitud, sobre todo durante los sermones, da lugar a una disposición (extremadamente hostil a toda nuestra política) en que los tópicos calan realmente en el alma humana. Apenas hay un sermón, o un libro, que no pueda ser peligroso para nosotros, si se recibe en este estado de ánimo; así que, por favor, muévete, y manda a ese tonto a hacer la ronda de las iglesias vecinas, tan pronto como sea posible. Tu expediente no nos ha dado hasta ahora mucha satisfacción.

He mirado en el archivo las dos iglesias que le caen más cerca. Las dos tienen ciertas ventajas. En la primera de ellas, el vicario es un hombre que lleva tanto tiempo dedicado a aguar la fe, para hacérsela más asequible a una congregación supuestamente incrédula y testaruda, que es él quien ahora escandaliza a los parroquianos con su falta de fe, y no al revés: ha minado el cristianismo de muchas almas. Su forma de llevar los servicios es también admirable: con el fin de ahorrarle a los laicos todas las «dificultades», ha abandonado tanto el leccionario como los salmos fijados para cada ocasión, y ahora, sin darse cuenta, gira eternamente en torno al pequeño molino de sus quince salmos y sus veinte lecciones favoritas. Así estamos a salvo del peligro de que pueda llegarle de las Escrituras cualquier verdad que no le resulte ya familiar tanto a él como a su rebaño. Pero quizá tu paciente no sea lo bastante tonto como para ir a esta iglesia, o, al menos, no todavía.

En la otra tenemos al padre Spije. A los humanos les cuesta trabajo, con frecuencia, comprender la variedad de sus opiniones: un día es casi comunista, y al día siguiente no está lejos de alguna especie de fascismo teocrático; un día es escolástico, y al día siguiente está casi dispuesto a negar por completo la razón humana; un día está inmerso en la política, y al día siguiente declara que todos los estados de este mundo están *igualmente* «en espera de juicio». Por supuesto, nosotros sí vemos el hilo que lo conecta todo, que es el odio. El hombre no puede resignarse a predicar nada que no esté calculado para escandalizar, ofender, desconcertar o humillar a sus padres y sus amigos. Un sermón que tales personas pudiesen aceptar sería, para él, tan insípido como un poema que fuesen capaces de medir. Hay también una prometedora veta de deshonestidad en él: le estamos enseñando a decir «el magisterio de la Iglesia» cuando en realidad quiere decir «estoy casi seguro de que hace poco leí en un libro de Maritain o alguien parecido...» Pero debo advertirte que tiene un defecto fatal: cree de verdad. Y esto puede echarlo todo a perder.

Pero estas dos iglesias tienen en común un buen punto: ambas son iglesias de partido. Creo que ya te he advertido antes que, si no se puede mantener a tu paciente apartado de la iglesia, al menos debiera estar violentamente implicado en algún partido dentro de ella. No me refiero a verdaderas cuestiones doctrinales; con respecto a éstas, cuanto más tibio sea, mejor. Y no son las doctrinas en lo que nos basamos principalmente para producir divisiones: lo realmente divertido es hacer que se odien aquellos que *dicen* «misa» y los que *dicen* «santa comunión», cuando ninguno de los dos bandos podría decir qué diferencia hay entre las doctrinas de Hooker y de Tomás de Aquino, por ejemplo, de ninguna forma que no hiciese agua a los cinco minutos. Todo lo realmente indiferente —cirios, vestimenta, qué sé yo— es una excelente base para nuestras actividades. Hemos hecho que los hombres olviden por completo lo que aquel individuo apestoso, Pablo, solía enseñar acerca de las comidas y otras cosas sin importancia: es decir, que el humano sin escrúpulos debiera ceder siempre ante el humano escrupuloso. Uno creería que no podrían dejar de percatarse de su aplicación a estas cuestiones: uno esperaría ver al «bajo» eclesiástico arrodillándose y santiguándose, no fuese que la conciencia débil de su hermano «alto» se viese empujada a la irreverencia, y al «alto» absteniéndose de tales ejercicios, no fuese a empujar a la idolatría a su hermano «bajo». Y así habría sido, de no ser por nuestra incesante labor; sin ella, la variedad de usos dentro de la Iglesia de Inglaterra podría haberse convertido en un semillero de caridad y de humildad.

Tu cariñoso tío,

ESCRUTOPO

XVII

Mi querido Orugario:

El tono despectivo en que te refieres, en tu última carta, a la gula, como medio de capturar almas, no revela sino tu ignorancia. Uno de los grandes logros de los últimos cien años ha sido amortiguar la conciencia humana en lo referente a esa cuestión; de tal forma que difícilmente podrás encontrar ahora un sermón pronunciado en contra de ella, o una conciencia preocupada por ella, a todo lo ancho y largo de Europa. Esto se ha llevado a efecto, en gran parte, concentrando nuestras fuerzas en la promoción de la gula por exquisitez, no en la gula del exceso. La madre de tu paciente, según sé por el *dossier* y tú podrías saber por Gluboso, es un buen ejemplo. Se quedaría perpleja —un día, espero, se *quedará* perpleja— si supiese que toda su vida ha estado esclavizada por este tipo de sensualidad, que le resulta perfectamente imperceptible por el hecho de que las cantidades en cuestión son pequeñas. Pero, ¿qué importan las cantidades con tal de que podamos servirnos del estómago y del paladar humano para provocar quejumbrosidad, impaciencia, dureza y egocentrismo? Gluboso tiene bien atrapada a esta anciana. Esta señora es una verdadera pesadilla para las anfitrionas y los criados. Siempre está rechazando lo que le han ofrecido, diciendo, con un suspiro y una sonrisa coqueta: «Oh, por favor, por favor... *todo* lo que quiero es una tacita de té, flojo pero no demasiado, y un pedacito chiquitín de pan tostado verdaderamente crujiente.» ¿Te das cuenta? Puesto que lo que quiere es más pequeño y menos caro que lo que le han puesto delante, nunca reconoce como gula su afán de conseguir lo que quiere, por molesto que pueda resultarles a los demás. Al tiempo que satisface su apetito, cree estar practicando la templanza. En un restaurante lleno de gente, da un gritito ante el plato que una camarera agobiada de trabajo le acaba de servir, y dice: «¡Oh, eso es mucho, demasiado! Lléveselo, y tráigame algo así como la cuarta parte.» Si se le pidiese una explicación, diría que lo hace para no desperdiciar; en realidad, lo hace porque el tipo particular de exquisitez a la que la hemos esclavizado no soporta la visión de más comida que la que en ese momento le apetece.

El auténtico valor del trabajo callado y disimulado que Gluboso ha llevado a cabo, durante años, con esta vieja, puede medirse por la fuerza con que su estómago domina ahora toda su vida. Ella se encuentra en un estado de ánimo que puede representarse por la frase «todo lo que quiero». *Todo* lo que quiere es una tacita de té hecho como es debido, o un huevo correctamente pasado por agua, o una rebanada de pan adecuadamente tostada; pero nunca encuentra ningún criado ni amigo que pueda hacer estas cosas tan sencillas «como es debido», porque su «como es debido» oculta una exigencia insaciable de los exactos y casi imposibles placeres del paladar que cree recordar del pasado, un pasado que ella describe como «los tiempos en que podía conseguirse un buen servicio», pero que nosotros sabemos que son los tiempos en que sus sentidos eran más fácilmente complacidos y en los que otra clase de placeres la hacían menos dependiente de los de la mesa. Entretanto, la frustración cotidiana produce un cotidiano mal humor: las cocineras se despiden y las amistades se enfrían. Si alguna vez el Enemigo introduce en su mente la más leve sospecha de que pueda estar demasiado interesada por la comida, Gluboso la contrarresta susurrándole que a ella no le importa lo que ella misma come, pero que «le gusta que sus hijos coman cosas agradables». Naturalmente, en realidad, su avaricia fue una de las causas principales de lo poco a gusto que su hijo se ha sentido en casa durante muchos años.

Pues bien, tu paciente es hijo de su madre, y aunque, acertadamente, te dediques a luchar más a fondo en otros frentes, no debes olvidar una pequeña y silenciosa infiltración en lo referente a la gula. Como es un hombre, no resulta tan fácil atraparle con el camuflaje del «*Todo* lo que quiero»: como mejor se hace que los hombres pequen de gula es apoyándose en su vanidad. Hay que hacer que se crean muy entendidos en cuestiones culinarias, para aguijonearles a decir que han descubierto el único restaurante de la ciudad donde los filetes están de verdad «correctamente» guisados. Lo que empieza como vanidad puede convertirse luego, paulatinamente, en costumbre. Pero, de cualquier modo que lo abordes, lo bueno es llevarle a ese estado de ánimo en que la negación de cualquier satisfacción —no importa cuál, champagne o té, *sole Colbert* o cigarrillos— le «irrita», porque entonces su caridad, su justicia y su obediencia estarán totalmente a tu merced.

El mero exceso de comida es mucho menos valioso que la exquisitez. Es útil, sobre todo, a modo de preparación artillera antes de lanzar ataques contra la castidad. En esta materia, como en cualquier otra, debes mantener a tu hombre en un estado de falsa espiritualidad; nunca le dejes darse cuenta del lado médico de la cuestión. Mantenle preguntándose qué pecado de orgullo o qué falta de fe le ha puesto en tus manos, cuando el simple análisis de lo que ha comido o bebido durante las últimas veinticuatro horas podría revelarle de dónde proceden tus municiones y le permitiría, por consiguiente, poner en peligro tus líneas de aprovisionamiento mediante una muy ligera abstinencia. Si *ha* de pensar en el aspecto médico de la castidad, suéltale la gran mentira que hemos hecho que se traguen los humanos ingleses: que el ejercicio físico excesivo, y la consecuente fatiga, son especialmente favorables para esta virtud. Podría muy bien preguntarse uno, en vista de la notoria lubricidad de los marineros y de los soldados, cómo es posible que se lo crean. Pero nos servimos de los maestros de escuela para difundir este camelo, hombres a quienes de verdad la castidad sólo les interesaba como excusa para fomentar la práctica de los deportes, y que, por tanto, recomendaban tales juegos como ayuda a la castidad. Pero todo este asunto resulta demasiado amplio como para abordarlo al final de una carta.

Tu cariñoso tío,

ESCRUTOPO

XVIII

Mi querido Orugario:

Hasta con Babalapo tienes que haber aprendido en la escuela la técnica rutinaria de la tentación sexual, y ya que para nosotros los espíritus todo este asunto es considerablemente tedioso (aunque necesario como parte de nuestro entrenamiento), lo pasaré de largo. Pero en las cuestiones más amplias implicadas en este asunto creo que tienes mucho que aprender.

Lo que el Enemigo exige de los humanos adopta la forma de un dilema: o completa abstinencia o monogamia sin paliativos. Desde la primera gran victoria de Nuestro Padre, les hemos hecho muy difícil la primera. Y llevamos unos cuantos siglos cerrando la segunda como vía de escape. Esto lo hemos conseguido por medio de los poetas y los novelistas, convenciendo a los humanos de que una curiosa, y generalmente efímera, experiencia que ellos llaman «estar enamorados» es la única base respetable para el matrimonio; de que el matrimonio puede, y debe, hacer permanente este entusiasmo, y de que un matrimonio que no lo consigue deja de ser vinculante. Esta idea es una parodia de una idea procedente del Enemigo.

Toda la filosofía del Infierno descansa en la admisión del axioma de que una cosa no es otra cosa y, en especial, de que un ser no es otro ser. Mi bien es mi bien, y tu bien es el tuyo.

Lo que gana uno, otro lo pierde. Hasta un objeto inanimado es lo que es excluyendo a todos los demás objetos del espacio que ocupa; si se expande, lo hace apartando a otros objetos, o absorbiéndolos. Un ser hace lo mismo. Con los animales, la absorción adopta la forma de comer; para nosotros, representa la succión de la voluntad y la libertad de un ser más débil por uno más fuerte. «Ser» *significa* «ser compitiendo».

La filosofía del Enemigo no es más ni menos que un continuo intento de eludir esta verdad evidente. Su meta es una contradicción. Las cosas han de ser muchas, pero también, de algún modo, sólo una. A esta imposibilidad Él le llama *Amor*, y esta misma monótona panacea puede detectarse bajo todo lo que Él hace e incluso todo lo que Él es o pretende ser. De este modo, Él no está satisfecho, ni siquiera Él mismo, con ser una mera unidad aritmética; pretende ser tres al mismo tiempo que uno, con el fin de que esta tontería del Amor pueda encontrar un punto de apoyo en Su propia naturaleza. Al otro extremo de la escala, Él introduce en la materia ese indecente invento que es el organismo, en el que las partes se ven pervertidas de su natural destino —la competencia— y se ven obligadas a cooperar.

Su auténtica motivación para elegir el sexo como método de reproducción de los humanos está clarísima, en vista del uso que ha hecho de él. El sexo podría haber sido, desde nuestro punto de vista, completamente inocente. Podría haber sido meramente una forma más en la que un ser más fuerte se alimentaba de otro más débil —como sucede, de hecho, entre las arañas, que culminan sus nupcias con la novia comiéndose al novio—. Pero en los humanos, el Enemigo ha asociado gratuitamente el afecto con el deseo sexual. También ha hecho que su descendencia sea dependiente de los padres, y ha impulsado a los padres a mantenerla, dando lugar así a la familia, que es como el organismo, sólo que peor, porque sus miembros están más separados, pero también unidos de una forma más consciente y responsable. Todo ello resulta ser, de hecho, un artilugio más para meter el Amor.

Ahora viene lo bueno del asunto. El Enemigo describió a la pareja casada como «una sola carne». No dijo «una pareja felizmente casada», ni «una pareja que se casó porque estaba enamorada», pero se puede conseguir que los humanos no tengan eso en cuenta. También se les puede hacer olvidar que el hombre al que llaman Pablo no lo limitó a las parejas *casadas*. Para él, la mera copulación da lugar a «una sola carne». De esta forma, se puede conseguir que los humanos acepten como elogios retóricos del «enamoramiento» lo que eran, de hecho, simples descripciones del verdadero significado de las relaciones sexuales. Lo cierto es que siempre que un hombre yace con una mujer, les guste o no, se establece entre ellos una relación trascendente que debe ser eternamente disfrutada o eternamente soportada. A partir de la afirmación verdadera de que esta relación trascendente estaba prevista para producir —y, si se aborda obedientemente, lo *hará* con demasiada frecuencia— el afecto y la familia, se puede hacer que los humanos infieran la falsa creencia de que la mezcla de afecto, temor y deseo que llaman «estar enamorados» es lo único que hace feliz o santo el matrimonio. El error es fácil de provocar, porque «enamorarse» es algo que con mucha frecuencia, en Europa occidental, precede matrimonios contraídos en obediencia a los propósitos del Enemigo, esto es, con la intención de la fidelidad, la fertilidad y la buena voluntad; al igual que la emoción religiosa muy a menudo, pero no siempre, acompaña a la conversión. En otras palabras, los humanos deben ser inducidos a considerar como la base del matrimonio una versión muy coloreada y distorsionada de algo que el Enemigo realmente promete como su resultado. Esto tiene dos ventajas. En primer lugar, a los humanos que no tienen el don de la continencia se les puede disuadir de buscar en el matrimonio una solución, porque no se sienten «enamorados» y, gracias a nosotros, la idea de casarse por cualquier otro motivo les parece vil y cínica. Sí, eso piensan. Consideran el propósito de ser fieles a una sociedad de ayuda mutua, para la conservación de la castidad y para la transmisión de la vida, como algo inferior que una tempestad de emoción. (No olvides hacer que tu hombre piense que la ceremonia nupcial es muy ofensiva.) En segundo lugar, cualquier infatuación sexual, mientras se proponga el matrimonio como fin, será considerada «amor», y el «amor» será usado para excusar al hombre de toda culpa, y para protegerle de todas las consecuencias de casarse con una pagana, una idiota o una libertina. Pero ya seguiré en mi próxima carta.

Tu cariñoso tío,

ESCRUTOPO

XIX

Mi querido Orugario:

He pensado mucho acerca de la pregunta que me haces en tu última carta. Si, como he explicado claramente, todos los seres, por su propia naturaleza, se hacen la competencia, y, por tanto, la idea del Amor del Enemigo es una contradicción en sus términos, ¿qué pasa con mi reiterada advertencia de que Él realmente ama a los gusanos humanos y realmente desea su libertad y su existencia continua? Espero, mi querido muchacho, que no le hayas enseñado a nadie mis cartas. No es que importe, naturalmente. Cualquiera vería que la aparente herejía en que he caído es puramente accidental. Por cierto, espero que comprendicses, también, que algunas referencias aparentemente poco elogiosas a Babalapo eran puramente en broma. En realidad, le tengo el mayor respeto. Y, por supuesto, algunas cosas que dije acerca de no escudarte de las autoridades no iban en serio. Puedes confiar en que me cuide de tus intereses. Pero guarda todo bajo siete llaves.

La verdad es que, por mero descuido, tuve el desliz de decir que el Enemigo ama realmente a los humanos. Lo cual, naturalmente, es imposible. Él es un ser; ellos son diferentes, y su bien no puede ser el de Él. Toda Su palabrería acerca del Amor debe ser un disfraz de otra cosa: debe tener algún motivo *real* para crearlos y ocuparse tanto de ellos. La razón por la que uno llega a hablar como si Él sintiese realmente este Amor imposible es nuestra absoluta incapacidad para descubrir ese motivo real. ¿Qué pretende conseguir de ellos? Ésa es la cuestión insoluble. No creo que pueda hacer daño a nadie que te diga que precisamente este problema fue una de las causas principales de la disputa de Nuestro Padre con el Enemigo. Cuando se discutió por primera vez la creación del hombre y cuando, incluso en esa fase, el Enemigo confesó abiertamente que preveía un cierto episodio referente a una cruz. Nuestro Padre, muy lógicamente, solicitó una entrevista y pidió una explicación. El Enemigo no dio más respuesta que inventarse el camelo sobre el Amor desinteresado que desde entonces ha hecho circular. Naturalmente, Nuestro Padre no podía aceptar esto. Imploró al Enemigo que pusiese Sus cartas sobre la mesa, y Le dio todas las oportunidades posibles. Admitió que tenía verdadera necesidad de conocer el secreto; el Enemigo le replicó: «Quisiera con todo mi corazón que lo conocieses.» Me imagino que fue en ese momento de la entrevista cuando el disgusto de Nuestro Padre por tan injustificada falta de confianza le hizo alejarse a una distancia infinita de Su Presencia, con una rapidez que ha dado lugar a la ridícula historia enemiga de que fue expulsado, a la fuerza, del Cielo. Desde entonces, hemos empezado a comprender por qué nuestro Opresor fue tan reservado. Su trono depende del secreto. Algunos miembros de Su partido han admitido con frecuencia que, si alguna vez llegásemos a comprender qué entiende Él por Amor, la guerra terminaría y volveríamos a entrar en el Cielo. Y en eso consiste la gran tarea. Sabemos que Él no puede amar realmente: nadie puede; no tiene sentido. ¡Si tan sólo pudiésemos averiguar qué es lo que *realmente* se propone! Hemos probado hipótesis tras hipótesis, y todavía no hemos podido descubrirlo. Sin embargo, no debemos perder nunca la esperanza; teorías más y más complicadas, colecciones de datos más y más completas, mayores recompensas a los investigadores que hagan algún progreso, castigos más y más terribles para aquellos que fracasen, todo esto, seguido y acelerado hasta el mismo fin del tiempo, no puede, seguramente, dejar de tener éxito.

Te quejas de que mi última carta no deja claro si considero el «enamoramiento» como un estado deseable para un humano o no. Pero Orugario, de verdad, ¡ése es el tipo de pregunta que uno espera que hagan *ellos!* Déjales discutir si el «Amor», o el patriotismo, o el celibato, o las velas en los altares, o la abstinencia de alcohol, o la educación, son «buenos» o «malos». ¿No te das cuenta de que no hay respuesta? Nada importa lo más mínimo, excepto la tendencia de un estado de ánimo dado, en unas circunstancias dadas, a mover a un paciente particular, en un momento particular, hacia el Enemigo o hacia nosotros. En consecuencia, sería muy conveniente hacer que el paciente decidiese que el Amor es «bueno» o «malo». Si se trata de un hombre arrogante, con un desprecio por el cuerpo basado realmente en la exquisitez, pero que él confunde con la pureza —y un hombre que disfruta mofándose de aquello que la mayor parte de sus semejantes aprueban—, desde luego déjale decidirse en contra del Amor. Incúlcale un ascetismo altivo y luego, cuando hayas separado su sexualidad de todo aquello que podría humanizarla, cae sobre él con una forma mucho más brutal y cínica de la sexualidad. Si, por el contrario, se trata de un hombre emotivo, crédulo, aliméntale de poetas menores y de novelistas de quinta fila, de la vieja escuela, hasta que le hayas hecho creer que el «Amor» es irresistible y además, de algún modo, intrínsecamente meritorio. Esta creencia no es de mucha utilidad, te lo garantizo, para provocar faltas casuales de castidad; pero es una receta incomparable para conseguir prolongados adulterios «nobles», románticos y trágicos, que terminan, si todo marcha bien, en asesinatos y suicidios. Si falla eso, se puede utilizar para empujar al paciente a un matrimonio útil. Porque el matrimonio, aunque sea un invento del Enemigo, tiene sus usos. Debe haber varias mujeres jóvenes en el barrio de tu paciente que harían extremadamente difícil para él la vida cristiana, si tan sólo lograses persuadirle de que se casase con una de ellas. Por favor, envíame un informe sobre esto la próxima vez que me escribas. Mientras tanto, que te quede bien claro que este estado de *enamoramiento* no es, en sí, necesariamente favorable ni para nosotros ni para el otro bando. Es, simplemente, una ocasión que tanto nosotros como el Enemigo tratamos de explotar. Como la mayor parte de las cosas que excitan a los humanos, tales como la salud y la enfermedad, la vejez y la juventud, o la guerra y la paz, desde el punto de vista de la vida espiritual es, sobre todo, materia prima.

Tu cariñoso tío,

ESCRUTOPO

XX

Mi querido Orugario:

Veo con gran disgusto que el Enemigo ha puesto fin forzoso, por el momento, a tus ataques directos a la castidad del paciente. Debieras haber sabido que, al final, siempre lo hace, y haber parado antes de llegar a ese punto. Porque, tal como están las cosas, ahora tu hombre ha descubierto la peligrosa verdad de que estos ataques no duran para siempre; en consecuencia, no puedes volver a usar la que, después de todo, es nuestra mejor arma: la creencia de los humanos ignorantes de que no hay esperanza de librarse de nosotros, excepto rindiéndose. Supongo que habrás tratado de persuadirle de que la castidad es poco sana, ¿no?

Todavía no he recibido un informe tuyo acerca de las mujeres jóvenes de la vecindad. Lo querría de inmediato, porque si no podemos servirnos de su sexualidad para hacerle licencioso, debemos tratar de usarla para promover un matrimonio conveniente. Mientras tanto, me gustaría darte algunas ideas acerca del tipo de mujer —me refiero al tipo físico— del que debemos incitarle a enamorarse, si un «enamoramiento» es lo más que podemos conseguir.

Esta cuestión la deciden por nosotros espíritus que están mucho más abajo en la Bajojerarquía que tú y yo, y por

93

supuesto de una forma provisional. Es trabajo de estos grandes maestros el producir en cada época una desviación general de lo que pudiera llamarse el «gusto» sexual. Esto lo consiguen trabajando con el pequeño círculo de artistas populares, modistas, actrices y anunciadores que determinan el tipo que se considera «de moda». Su propósito es apartar a cada sexo de los miembros del otro con quienes serían más probables matrimonios espiritualmente útiles, felices y fértiles. Así, hemos triunfado ya durante muchos siglos sobre la naturaleza, hasta el punto de hacer desagradables para casi todas las mujeres ciertas características secundarias del varón (como la barba); y esto es más importante de lo que podrías suponer. Con respecto al gusto masculino, hemos variado mucho. En una época lo dirigimos al tipo de belleza estatuesco y aristocrático, mezclando la vanidad de los hombres con sus deseos, y estimulando a la raza a engendrar, sobre todo, de las mujeres más arrogantes y pródigas. En otra época, seleccionamos un tipo exageradamente femenino, pálido y lánguido, de forma que la locura y la cobardía, y toda la falsedad y estrechez mental general que las acompañan, estuviesen muy solicitadas. Actualmente vamos en dirección contraria. La era del *jazz* ha sucedido a la era del vals, y ahora enseñamos a los hombres a que les gusten mujeres cuyos cuerpos apenas se pueden distinguir de los de los muchachos. Como éste es un tipo de belleza todavía más pasajero que la mayoría, así acentuamos el crónico horror a envejecer de la mujer (con muchos excelentes resultados), y la hacemos menos deseosa y capaz de tener niños. Y eso no es todo. Nos las hemos arreglado para conseguir un gran incremento en la licencia que la sociedad permite a la representación del desnudo aparente (no del verdadero desnudo) en el arte, y a su exhibición en el escenario o en la playa. Es una falsificación, por supuesto; los cuerpos del arte popular están engañosamente dibujados; las mujeres reales en traje de baño o en mallas están en realidad apretadas y arregladas para que parezcan más firmes, esbeltas y efébicas de lo que la naturaleza permite a una mujer desarrollada. Pero, al mismo tiempo, se le enseña al mundo moderno a creer que es muy «franco» y «sano», y que está volviendo a la naturaleza. En consecuencia, estamos orientando cada vez más los deseos de los hombres hacia algo que no existe; haciendo cada vez más importante el papel del ojo en la sexualidad y, al mismo tiempo, haciendo sus exigencias cada vez más imposibles. ¡Es fácil prever el resultado!

Ésa es la estrategia general del momento. Pero, dentro de ese marco, todavía te será posible estimular los deseos de tu paciente en una de dos direcciones. Descubrirás, si examinas cuidadosamente el corazón de cualquier humano, que está obsesionado por, al menos, dos mujeres imaginarias: una Venus terrenal, y otra infernal; y que su deseo varía cualitativamente de acuerdo con su objeto. Hay un tipo por el cual su deseo es naturalmente sumiso al Enemigo —fácilmente mezclable con la caridad, obediente al matrimonio, totalmente coloreado por esa luz dorada de respeto y naturalidad que detestamos—; hay otro tipo que desea brutalmente, y que desea desear brutalmente, un tipo que se utiliza mejor para apartarle totalmente del matrimonio, pero que, incluso dentro del matrimonio, tendería a tratar como a una esclava, un ídolo o una cómplice. Su amor por el primer tipo podría tener algo de lo que el Enemigo llama maldad, pero sólo accidentalmente; el hombre desearía que ella no fuese la mujer de otro, y lamentaría no poder amarla lícitamente. Pero con el segundo tipo lo que quiere es sentir el mal, que es el «sabor» que busca: lo que le atrae es, en su rostro, la animalidad visible, o la mohína, o la destreza, o la crueldad; y, en su cuerpo, algo muy diferente de lo que suele llamar belleza, algo que puede incluso, en un momento de lucidez, describir como fealdad, pero que, por nuestro arte, podemos conseguir que incida en su obsesión particular.

La verdadera utilidad de la Venus infernal es, sin duda, como prostituta o amante. Pero si tu hombre es un cristiano, y si le han enseñado bien las tonterías sobre el «Amor» irresistible y que lo justifica todo, a menudo se le puede inducir a que se case con ella. Y eso es algo que vale la pena conseguir. Habrás fracasado con respecto a la fornicación y a los vicios solitarios; pero hay otros, y más indirectos, medios de servirse de la sexualidad de un hombre para lograr su perdición. Y, por cierto, no sólo son eficaces, sino deliciosos; la infelicidad que producen es de una clase muy duradera y exquisita.

Tu cariñoso tío,

ESCRUTOPO

96

XXI

Mi querido Orugario:

Sí. Un período de tentación sexual es un excelente momento para llevar a cabo un ataque secundario a la impaciencia del paciente. Puede ser, incluso, el ataque principal, mientras piense que es el subordinado. Pero aquí, como en todo lo demás, debes preparar el camino para tu ataque moral nublando su inteligencia.

A los hombres no les irrita la mera desgracia, sino la desgracia que consideran una afrenta. Y la sensación de ofensa depende del sentimiento de que una pretensión legítima les ha sido denegada. Por tanto, cuantas más exigencias a la vida puedas lograr que haga el paciente, más a menudo se sentirá ofendido y, en consecuencia, de mal humor. Habrás observado que nada le enfurece tan fácilmente como encontrarse con que un rato que contaba con tener a su disposición le ha sido arrebatado de imprevisto. Lo que le saca del quicio es el visitante inesperado (cuando se prometía una noche tranquila), o la mujer habladora de un amigo (que aparece cuando él deseaba tener un *tête-à-tête* con el amigo). Todavía no es tan duro y perezoso como para que tales pruebas sean, *en sí mismas*, demasiado para su cortesía. Le irritan porque considera su tiempo como propiedad suya, y siente que se lo están robando.

Debes, por tanto, conservar celosamente en su cabeza la curiosa suposición: «Mi tiempo es mío.» Déjale tener la sensación de que empieza cada día como el legítimo dueño de veinticuatro horas. Haz que considere como una penosa carga la parte de esta propiedad que tiene que entregar a sus patrones, y como una generosa donación aquella parte adicional que asigna a sus deberes religiosos. Pero lo que nunca se le debe permitir dudar es que el total del que se han hecho tales deducciones era, en algún misterioso sentido, su propio derecho personal.

Ésta es una tarea delicada. La suposición que quieres que siga haciendo es tan absurda que, si alguna vez se pone en duda, ni siquiera nosotros podemos encontrar el menor argumento en su defensa. El hombre no puede ni hacer ni retener un instante de tiempo; todo el tiempo es un puro regalo; con el mismo motivo podría considerar el sol y la luna como enseres suyos. En teoría, también está comprometido totalmente al servicio del Enemigo; y si el Enemigo se le apareciese en forma corpórea y le exigiese ese servicio total, incluso por un solo día, no se negaría. Se sentiría muy aliviado si ese único día no supusiese nada más difícil que escuchar la conversación de una mujer tonta; y se sentiría aliviado hasta casi sentirse decepcionado si durante media hora de ese día el Enemigo le dijesè: «Ahora puedes ir a divertirte.» Ahora bien, si medita sobre su suposición durante un momento, tiene que darse cuenta de que, de hecho, está en esa situación todos los días. Cuando hablo de conservar en su cabeza esta suposición, por tanto, lo último que quiero que hagas es darle argumentos en su defensa. No hay ninguno. Tu trabajo es puramente negativo. No dejes que sus pensamientos se acerquen lo más mínimo a ella. Envuélvela en penumbra, y en el centro de esa oscuridad deja que su sentimiento de propiedad del tiempo permanezca callada, sin inspeccionar, y activa.

El sentimiento de propiedad en general debe estimularse siempre. Los humanos siempre están reclamando propiedades que resultan igualmente ridículas en el Cielo y en el Infierno, y debemos conseguir que lo sigan haciendo. Gran parte de la resistencia moderna a la castidad procede de la creencia de que los hombres son «propietarios» de sus cuerpos; ¡esos vastos y peligrosos terrenos, que laten con la energía que hizo el Universo, en los que se encuentran sin haber dado su consentimiento y de los que son expulsados cuando le parece a Otro! Es como si un infante a quien su padre ha colocado, por cariño, como gobernador titular de una gran provincia, bajo el auténtico mando de sabios consejeros, llegase a imaginarse que realmente son suyas las ciudades, los bosques y los maizales, del mismo modo que son suyos los ladrillos del suelo de su cuarto.

Damos lugar a este sentimiento de propiedad no sólo por medio del orgullo, sino también por medio de la confusión. Les enseñamos a no notar los diferentes sentidos del pronombre posesivo: las diferencias minuciosamente graduadas que van desde «mis botas», pasando por «mi perro», «mi criado», «mi esposa», «mi padre», «mi señor» y «mi patria», hasta «mi Dios». Se les puede enseñar a reducir todos estos sentidos al de «mis botas», el «mi» de propiedad. Incluso en el jardín de infancia, se le puede enseñar a un niño a referirse, por «mi osito», *no* al viejo e imaginado receptor de afecto, con el que mantiene una relación especial (porque eso es lo que les enseñará a querer decir el Enemigo, si no tenemos cuidado), sino al oso «que puedo hacer pedazos si quiero». Y, al otro extremo de la escala, hemos enseñado a los hombres a decir «mi Dios» en un sentido realmente no muy diferente del de «mis botas», significando «el Dios a quien tengo algo que exigir a cambio de mis distinguidos servicios y a quien exploto desde el púlpito..., el Dios en el que me hecho un rincón».

Y durante todo este tiempo, lo divertido es que la palabra «mío», en su sentido plenamente posesivo, no puede pronunciarla un ser humano a propósito de nada. A la larga, o Nuestro Padre o el Enemigo dirán «mío» de todo lo que existe, y en especial de todos los hombres. Ya descubrirán al final, no temas, a quién pertenecen realmente su tiempo, sus almas y sus cuerpos; desde luego, no a *ellos,* pase lo que pase. En la actualidad, el Enemigo dice «mío» acerca de todo, con la pedante excusa legalista de que Él lo hizo. Nuestro Padre espera decir «mío» de todo al final, con la base más realista y dinámica de haberlo conquistado.

Tu cariñoso tío,

ESCRUTOPO

XXII

Mi querido Orugario:

¡Vaya! Tu hombre se ha enamorado, y de la peor manera posible, ¡y de una chica que ni siquiera figura en el informe que me enviaste! Puede interesarte saber que el pequeño malentendido con la Policía Secreta que trataste de suscitar a propósito de ciertas expresiones incautas en algunas de mis cartas, ha sido aclarado. Si contabas con eso para asegurarte mis buenos oficios, descubrirás que estás muy equivocado. Pagarás por eso, igual que por tus restantes equivocaciones. Mientras tanto, te envío un folleto, recién aparecido sobre el nuevo Correccional de Tentadores Incompetentes. Está profusamente ilustrado, y no hallarás en él una página aburrida.

He mirado el expediente de esa chica y estoy aterrado de lo que me encuentro. No sólo una cristiana, sino vaya cristiana: ¡una señorita vil, escurridiza, boba, recatada, lacónica, ratonil, acuosa, insignificante, virginal, prosaica! ¡El animalillo! Me hace vomitar. Apesta y abrasa incluso a través de las mismas páginas del expediente. Me enloquece el modo en que ha empeorado el mundo. La hubiésemos destinado a la arena del circo, en los viejos tiempos: para eso está hecha su clase. Y no es que tampoco allí fuese a servir de mucho, no. Una pequeña tramposa de dos caras (conozco el género), que tiene el aire de ir a desmayarse a la vista de la sangre, y luego muere con una sonrisa. Una tramposa en todos los sentidos. Parece una mosquita muerta, y sin embargo tiene ingenio satírico. El tipo de criatura que me encontraría DIVERTIDO ¡a mí! Asquerosa, insípida, pacata, y sin embargo dispuesta a caer en los brazos de este bobo, como cualquier otro animal reproductor. ¿Por qué el Enemigo no la fulmina por eso, si Él está tan loco por la virginidad, en lugar de contemplarla sonriente?

En el fondo, es un hedonista. Todos esos ayunos, y vigilias, y hogueras, y cruces, son tan sólo una fachada. O sólo como espuma en la orilla del mar. En alta mar, en Su alta mar, hay placer y más placer. No hace de ello ningún secreto: a Su derecha hay «placeres eternos». ¡Ay! No creo que tenga la más remota idea del elevado y austero misterio al que descendemos en la Visión Miserífica; Él es vulgar, Orugario; Él tiene mentalidad burguesa: ha llenado Su mundo de placeres. Hay cosas que los humanos pueden hacer todo el día, sin que a Él le importe lo más mínimo: dormir, lavarse, comer, beber, hacer el amor, jugar, rezar, trabajar. Todo ha de ser *retorcido* para que nos sirva de algo a nosotros. Luchamos en cruel desventaja: nada está naturalmente de nuestra parte. (No es que eso te disculpe *a ti*. Ya arreglaré cuentas contigo. Siempre me has odiado y has sido insolente conmigo cuando te has atrevido.)

Luego, claro, tu paciente llega a conocer a la familia y a todo el círculo de esta mujer. ¿No podías haberte dado cuenta de que la misma casa en que ella vive es una casa en la que él nunca debía haber entrado? Todo el lugar apesta a ese mortífero aroma. El mismo jardinero, aunque sólo lleva allí cinco años, está empezando a adquirirlo. Hasta los huéspedes, tras una visita de un fin de semana, se llevan consigo un poco de este olor. El perro y el gato también lo han cogido. Y una casa llena del impenetrable misterio. Estamos seguros (es una cuestión de principios elementales) de que cada miembro de la familia debe estar, de alguna manera, aprovechándose de los demás; pero no logramos averiguar cómo. Guardan tan celosamente como el Enemigo mismo el secreto de lo que hay detrás de esta pretensión de amor desinteresado. Toda la casa y el jardín son una vasta indecencia. Tiene una repugnante semejanza con la descripción que dio del Cielo un escritor humano: «las regiones donde sólo hay vida y donde, por tanto, todo lo que no es música es silencio».

Música y silencio ¡Cómo detesto ambos! Qué agradecidos debiéramos estar de que, desde que Nuestro Padre ingresó en el Infierno —aunque hace mucho más de lo que los humanos, aun contando en años-luz, podrían medir—, ni un solo centímetro cuadrado de espacio infernal y ni un instante de tiempo infernal hayan sido entregados a cualquiera de esas dos abominables fuerzas, sino que han estado completamente ocupados por el ruido; el ruido, el gran dinamismo, la expresión audible de todo lo que es exultante, implacable y viril; el ruido que, solo, nos defiende de dudas tontas, de escrúpulos desesperantes y de deseos imposibles. Haremos del universo eterno un ruido, al final. Ya hemos hecho grandes progresos en este sentido en lo que respecta a la Tierra. Las melodías y los silencios del Cielo serán acallados a gritos, al final. Pero reconozco que aún no somos lo bastante estridentes, ni de lejos. Pero estamos investigando. Mientras tanto, *tú*, asqueroso, pequeño...

(Aquí el manuscrito se interrumpe, y prosigue luego con letra diferente.)

En el entusiasmo de la redacción resulta que, sin darme cuenta, me he permitido asumir la forma de un gran miriápodo. En consecuencia, dicto el resto a mi secretario. Ahora que la transformación es completa, me doy cuenta de que es un fenómeno periódico. Algún rumor acerca de ello ha llegado hasta los humanos, y un relato distorsionado figura en el poeta Milton, con el ridículo añadido de que tales cambios de forma son un «castigo» que nos impone el Enemigo. Un escritor más moderno —alguien llamado algo así como Pshaw— se ha percatado, sin embargo, de la verdad. La transformación procede de nuestro interior, y es una gloriosa manifestación de esa Fuerza

Vital que Nuestro Padre adoraría, si adorase algo que no fuese a sí mismo. En mi forma actual, me siento aún más impaciente por verte, para unirte a mí en un abrazo indisoluble.

(Firmado) SAPOTUBO

Por orden, Su Abismal Sublimidad Subsecretario,

ESCRUTOPO, T. E., B. S., etc.

XXIII

Mi querido Orugario:

A través de esta chica y de su repugnante familia, el paciente está conociendo ahora cada día a más cristianos, y además cristianos muy inteligentes. Durante mucho tiempo va a ser imposible *extirpar* la espiritualidad de su vida. Muy bien; entonces, debemos *corromperla*. Sin duda, habrás practicado a menudo el transformarte en un ángel de la luz, como ejercicio de pista. Ahora es el momento de hacerlo delante del Enemigo. El Mundo y la Carne nos han fallado; queda un tercer Poder. Y este tercer tipo de éxito es el más glorioso de todos. Un santo echado a perder, un fariseo, un inquisidor, o un brujo, es considerado en el Infierno como una mejor pieza cobrada que un tirano o un disoluto corriente.

Pasando revista a los nuevos amigos de tu paciente, creo que el mejor punto de ataque sería la línea fronteriza entre la teología y la política. Varios de sus nuevos amigos son muy conscientes de las implicaciones sociales de su religión. Eso, en sí mismo, es malo; pero puede aprovecharse en nuestra ventaja.

Descubrirás que muchos escritores políticos cristianos piensan que el cristianismo empezó a deteriorarse, y a apartarse de la doctrina de su Fundador, muy temprano. Debemos usar esta idea para estimular una vez más la idea de un «Jesús

105

histórico», que puede encontrarse apartando posteriores «añadidos y perversiones», y que debe luego compararse con toda la tradición cristiana. En la última generación, promovimos la construcción de uno de estos «Jesús históricos» según pautas liberales y humanitarias; ahora estamos ofreciendo un «Jesús histórico» según pautas marxistas, catastrofistas y revolucionarias. Las ventajas de estas construcciones, que nos proponemos cambiar cada treinta años o así, son múltiples. En primer lugar, todas ellas tienden a orientar la devoción de los hombres hacia algo que no existe, porque todos estos «Jesuses históricos» son ahistóricos. Los documentos dicen lo que dicen, y no puede añadírseles nada; cada nuevo «Jesús histórico», por tanto, ha de ser extraído de ellos, suprimiendo unas cosas y exagerando otras, y por ese tipo de *deducciones* (*brillantes* es el adjetivo que les enseñamos a los humanos a aplicarles) por las que nadie arriesgaría cinco duros en la vida normal, pero que bastan para producir una cosecha de nuevos Napoleones, nuevos Shakespeares y nuevos Swifts en la lista de otoño de cada editorial. En segundo lugar, todas estas construcciones depositan la importancia de su «Jesús histórico» en alguna peculiar teoría que se supone que Él ha promulgado. Tiene que ser un «gran hombre» en el sentido moderno de la palabra, es decir, situado en el extremo de alguna línea de pensamiento centrífuga y desequilibrada: un chiflado que vende una panacea. Así distraemos la mente de los hombres de quien Él es y de lo que Él hizo. Primero hacemos a Él tan sólo un maestro, y luego ocultamos la muy sustancial concordancia existente entre Sus enseñanzas y las de todos los demás grandes maestros morales. Porque a los humanos no se les debe permitir notar que todos los grandes moralistas son enviados por el Enemigo, no para informar a los hombres, sino para recordarles, para reafirmar contra nuestra continua ocultación las primigenias vulgaridades morales. Nosotros creamos a los sofistas; Él creó un Sócrates para responderles. Nuestro tercer objetivo es, por medio de estas construcciones, destruir la vida devocional. Nosotros sustituimos la presencia real del Enemigo, que de otro modo los hombres experimentan en la oración y en los sacramentos, por una figura meramente probable, remota, sombría y grosera, que hablaba un extraño lenguaje y que murió hace mucho tiempo. Un objeto así no puede, de hecho, ser adorado. En lugar del Creador adorado por su criatura, pronto tienes meramente un líder aclamado por un partidario, y finalmente un personaje destacado, aprobado por un sensato historiador. Y en cuarto lugar, además de ser ahistórica en el Jesús que describe, esta clase de religión es contraria a la historia en otro sentido. Ninguna nación, y pocos individuos, se ven arrastrados realmente al campo del Enemigo por el estudio histórico de la biografía de Jesús, como mera biografía. De hecho, a los hombres se les ha privado del material necesario para una biografía completa. Los primeros conversos fueron convertidos por un solo hecho histórico (la Resurrección) y una sola doctrina teológica (la Redención), actuando sobre un sentimiento del pecado que ya tenían; y un pecado no contra una ley inventada como una novedad por un «gran hombre», sino contra la vieja y tópica ley moral universal que les había sido enseñada por sus niñeras y madres. Los «Evangelios» vienen después, y fueron escritos, no para hacer cristianos, sino para edificar a los cristianos ya hechos.

El «Jesús histórico», pues, por peligroso que pueda parecer para nosotros en alguna ocasión particular, debe ser siempre estimulado. Con respecto a la conexión general entre el cristianismo y la política, nuestra posición es más delicada. Por supuesto, no queremos que los hombres dejen que su cristianismo influya en su vida política, porque el establecimiento de algo parecido a una sociedad verdaderamente justa sería una catástrofe de primera magnitud. Por otra parte, queremos, y mucho, hacer que los hombres consideren el cristianismo como un medio; preferentemente, claro, como un medio para su propia promoción; pero, a falta de eso, como un medio para cualquier cosa, incluso la justicia social. Lo que hay que hacer es conseguir que un hombre valore, al principio, la justicia social como algo que el Enemigo exige, y luego conducirle a una etapa en la que valore el cristianismo porque puede dar lugar a la justicia social. Porque el Enemigo no se deja usar como un instrumento. Los hombres o las naciones que creen que pueden reavivar la fe con el fin de hacer una buena sociedad podrían, para eso, pensar que pueden usar las escaleras del Cielo como un atajo a la farmacia más próxima. Por fortuna, es bastante fácil convencer a los humanos de que hagan eso. Hoy mismo he descubierto en un escritor cristiano un pasaje en el que recomienda su propia versión del cristianismo con la excusa de que «sólo una fe así puede sobrevivir a la muerte de viejas culturas y al nacimiento de nuevas civilizaciones». ¿Ves la pequeña discrepancia? «Creed esto, no porque sea cierto, sino por alguna otra razón.» Ése es el juego.

Tu cariñoso tío,

ESCRUTOPO

108

XXIV

Mi querido Orugario:

Me he estado escribiendo con Suburbiano, que tiene a su cargo a la joven de tu paciente, y empiezo a ver su punto débil. Es un pequeño vicio que no llama la atención y que comparte con casi todas las mujeres que se han criado en un círculo inteligente y unido por una creencia claramente definida; consiste en la suposición, completamente inconsciente, de que los extraños que no comparten esta creencia son realmente demasiado estúpidos y ridículos. Los hombres, que suelen tratar a estos extraños, no tienen este sentimiento; su confianza, si son confiados, es de otra clase. La de ella, que ella cree debida a la fe, en realidad se debe en gran parte al mero contagio de su entorno. No es, de hecho, muy diferente de la convicción que tendría, a los diez años de edad, de que el tipo de cuchillos de pescado que se usaban en la casa de su padre eran del tipo adecuado, o normal, o «auténtico», mientras que los de las familias vecinas no eran en absoluto «auténticos cuchillos de pescado». Ahora, el elemento de ignorancia e ingenuidad que hay en esta convicción es tan grande, y tan pequeño el elemento de orgullo espiritual, que nos da pocas esperanzas respecto a la chica misma. Pero, ¿has pensado cómo puede usarse para influir en tu paciente?

Es siempre el novicio el que exagera. El hombre que ha ascendido en la escala social es demasiado refinado; el joven estudioso es pedante. Tu paciente es un novicio en este nuevo círculo. Está allí a diario, encontrando una calidad de vida cristiana que nunca antes imaginó, y viéndolo todo a través de un cristal encantado, porque está enamorado. Está impaciente (de hecho, el Enemigo se lo ordena) por imitar esta cualidad. ¿Puedes conseguir que *imite* este defecto de su amada, y que lo exagere hasta que lo que era venial en ella resulte, en él, el más poderoso y el más bello de los vicios: el Orgullo Espiritual?

Las condiciones parecen idealmente favorables. El nuevo círculo en el que se encuentra es un círculo del que tiene la tentación de sentirse orgulloso por muchos otros motivos, aparte de su cristianismo. Es un grupo mejor educado, más inteligente y más agradable que ninguno de los que ha conocido hasta ahora. También está un tanto ilusionado en cuanto al lugar que ocupa en él. Bajo la influencia del «amor», puede considerarse todavía indigno de ella, pero está rápidamente dejando de sentirse indigno de los demás. No tiene ni idea de cuántas cosas le perdonan porque son caritativos, ni de cuántas le aguantan porque ahora es uno de la familia. No se imagina cuánto de su conversación, cuántas de sus opiniones, ellos reconocen como ecos de las suyas. Aún sospecha menos cuánto del gozo que siente con esas personas se debe al encanto erótico que, para él, esparce la chica a su alrededor. Cree que le gusta su conversación y su modo de vida a causa de alguna concordancia entre su estado espiritual y el suyo, cuando, de hecho, ellos están tan mucho más allá que él que, si no estuviese enamorado, se sentiría meramente asombrado y repelido por mucho de lo que ahora acepta. ¡Es como un perro que se creyese que entendía de armas de fuego porque su instinto de cazador y su cariño a su amo le permiten disfrutar de un día de caza!

Ésta es tu ocasión. Mientras que el Enemigo, por medio del amor sexual y de unas personas muy simpáticas y muy adelantadas en su servicio, está tirando del joven bárbaro hasta niveles que de otro modo nunca podría haber alcanzado, debes hacerle creer que está encontrando el nivel que le *corresponde:* que ésa es su «clase» de gente y que, al llegar a ellos, ha llegado a su hogar. Cuando vuelva de ellos a la compañía de otras personas, las encontrará aburridas; en parte porque casi cualquier compañía a su alcance es, de hecho, mucho menos amena, pero más todavía porque echará de menos el encanto de la joven. Debes enseñarle a confundir este contraste entre el círculo que le encanta y el círculo que le aburre con el contraste entre cristianos y no creyentes. Se le debe hacer sentir (más vale que no lo formule con palabras) «¡qué distintos somos los cristianos!»; y por «nosotros los cristianos» debe referirse, en realidad, a «mi grupo»; y por «mi grupo» debe entender no «las personas que, por su caridad y humildad, me han aceptado», sino «las personas con que me asocio por derecho».

Nuestro éxito en esto se basa en confundirle. Si tratas de hacerle explícita y reconocidamente orgulloso de ser cristiano, probablemente fracasarás; las advertencias del Enemigo son demasiado conocidas. Si, por otra parte, dejas que la idea de «nosotros los cristianos» desaparezca por completo y meramente le haces autosatisfecho de «su grupo», producirás no orgullo espiritual sino mera vanidad social, que es, en comparación, un inútil e insignificante pecadillo. Lo que necesitas es mantener una furtiva autofelicitación interfiriendo todos sus pensamientos, y no dejarle nunca hacerse la pregunta: *«¿De qué,* precisamente, me estoy felicitando?»* La idea de pertenecer a un círculo interior, de estar en un secreto, le es muy grata. Juega con eso: enséñale, usando la influencia de esta chica en sus momentos más tontos, a adoptar un aire de *diversión* ante las cosas que dicen los no creyentes. Algunas teorías que puede oír en los modernos círculos cristianos pueden resultar útiles; me refiero a teorías que basan la esperanza de la sociedad en algún círculo interior de «funcionarios», en alguna minoría adiestrada de teócratas. No es asunto tuyo si estas teorías son verdaderas o falsas; lo que importa es hacer del cristianismo una religión misteriosa, en la que él se sienta uno de los iniciados.

Te ruego que no llenes tus cartas de basura sobre esta

guerra europea. Su resultado final es, sin duda, de importancia; pero eso es asunto del Alto Mando. No me interesa lo más mínimo saber cuántas personas han sido muertas por las bombas en Inglaterra. Puedo enterarme del estado de ánimo en que murieron por la oficina destinada a ese fin. Que iban a morir alguna vez ya lo sabía. Por favor, mantén tu mente en tu trabajo.

Tu cariñoso tío,

ESCRUTOPO

XXV

Mi querido Orugario:

El verdadero inconveniente del grupo en el que vive tu paciente es que es *meramente* cristiano. Todos tienen intereses individuales, claro, pero su lazo de unión sigue siendo el mero cristianismo. Lo que nos conviene, si es que los hombres se hacen cristianos, es mantenerles en el estado de ánimo que yo llamo «el cristianismo y...». Ya sabes: el cristianismo y la Crisis, el cristianismo y la Nueva Psicología, el cristianismo y el Nuevo Orden, el cristianismo y la Fe Curadora, el cristianismo y la Investigación Psíquica, el cristianismo y el Vegetarianismo, el cristianismo y la Reforma Ortográfica. Si han de ser cristianos, que al menos sean cristianos con una diferencia. Sustituir la fe misma por alguna moda de tonalidad cristiana. Trabajar sobre su horror a Lo Mismo de Siempre.

El horror a Lo Mismo de Siempre es una de las pasiones más valiosas que hemos producido en el corazón humano: una fuente sin fin de herejías en lo religioso, de locuras en los consejos, de infidelidad en el matrimonio, de inconstancia en la amistad. Los humanos viven en el tiempo y experimentan la realidad sucesivamente. Para experimentar gran parte de la realidad, consecuentemente, deben experimentar muchas cosas diferentes; en otras palabras, deben experimentar el cambio. Y ya que necesitan el cambio, el Enemigo (puesto que, en el fondo, es un hedonista) ha hecho que el cambio les resulte agradable, al igual que ha hecho que comer sea agradable. Pero como Él no desea que hagan del cambio, ni de comer, un fin en sí mismo, ha contrapesado su amor al cambio con su amor a lo permanente. Se las ha arreglado para gratificar ambos gustos al mismo tiempo en el mundo que Él ha creado, mediante esa fusión del cambio y de la permanencia que llamamos ritmo. Les da las estaciones, cada una diferente pero cada año las mismas, de tal forma que la primavera resulta siempre una novedad y al mismo tiempo la repetición de un tema inmemorial. Les da, en su Iglesia, un año litúrgico; cambian de un ayuno a un festín, pero es el mismo festín que antes.

Ahora bien, al igual que aislamos y exageramos el placer de comer para producir la glotonería, aislamos y exageramos el natural placer del cambio y lo distorsionamos hasta una exigencia de absoluta novedad. Esta exigencia es enteramente producto de nuestra eficiencia. Si descuidamos nuestra tarea, los hombres no sólo se sentirán satisfechos, sino transportados por la novedad y familiaridad combinadas de los copos de nieve de *este* enero, del amanecer de *esta* mañana, del *pudding* de *estas* Navidades. Los niños, hasta que les hayamos enseñado otra cosa, se sentirán perfectamente felices con una ronda de juegos según las estaciones, en la que saltar a la pata coja sucede a las canicas tan regularmente como el otoño sigue al verano. Sólo gracias a nuestros incesantes esfuerzos se mantiene la exigencia de cambios infinitos, o arrítmicos.

Esta exigencia es valiosa en varios sentidos. En primer lugar, reduce el placer mientras aumenta el deseo. El placer de la novedad, por su misma naturaleza, está más sujeto que cualquier otro a la ley del rendimiento decreciente. Una novedad continua cuesta dinero, de forma que su deseo implica avaricia o infelicidad, o ambas cosas. Y además, cuanto más ansioso sea este deseo, antes debe engullir todas las fuentes inocentes de placer y pasar a aquellas que el Enemigo prohíbe. Así, exacerbando el horror a Lo Mismo de Siempre, hemos hecho recientemente las Artes, por ejemplo, menos peligrosas para nosotros que nunca lo fueron, pues ahora tanto los artistas «intelectuales» como los «populares» se ven empujados por igual a cometer nuevos y nuevos excesos de lascivia, sinrazón, crueldad y orgullo. Por último, el afán de novedad es indispensable para producir modas o bogas.

La utilidad de las modas en el pensamiento es distraer la atención de los hombres de sus auténticos peligros. Dirigimos la protesta de moda en cada generación contra aquellos vicios de los que está en menos peligro de caer, y fijamos su aprobación en la virtud más próxima a aquel vicio que estamos tratando de hacer endémico. El juego consiste en hacerles correr de un lado a otro con extintores de incendios cuando hay una inundación, y todos amontonándose en el lado del barco que está ya casi con la borda sumergida. Así, ponemos de moda denunciar los peligros del entusiasmo en el momento preciso en que todos se están haciendo mundanos e indiferentes; un siglo después, cuando estamos realmente haciendo a todos byronianos y ebrios de emoción, la protesta en boga está dirigida contra los peligros del mero «entendimiento». Las épocas crueles son puestas en guardia contra el Sentimentalismo, las casquivanas y ociosas contra la Respetabilidad, las libertinas contra el Puritanismo; y siempre que todos los hombres realmente están apresurándose a convertirse en esclavos o tiranos, hacemos del Liberalismo la máxima pesadilla.

Pero el mayor triunfo de todos es elevar este horror a Lo Mismo de Siempre a una filosofía, de forma que el sinsentido en el intelecto pueda reforzar la corrupción de la voluntad. Es en este aspecto en el que el carácter Evolucionista o Histórico del moderno pensamiento europeo (en parte obra nuestra) resulta tan útil. Al Enemigo le encantan los tópicos. Acerca de un plan de acción propuesto, Él quiere que los hombres, hasta donde alcanzo a ver, se hagan preguntas muy simples: ¿Es justo? ¿Es prudente? ¿Es posible? Ahora, si podemos mantener a los hombres preguntándose: «¿Está de acuerdo con la tendencia general de nuestra época? ¿Es progresista o reaccionario?

¿Es éste el curso de la Historia?», olvidarán las preguntas relevantes. Y las preguntas que se *hacen* son, naturalmente, incontestables; porque no conocen el futuro, y lo que será el futuro depende en gran parte precisamente de aquellas elecciones en que ellos invocan al futuro para que les ayude a hacerlas. En consecuencia, mientras sus mentes están zumbando en este vacío, tenemos la mejor ocasión para colarnos, e inclinarles a la acción que *nosotros* hemos decidido. Y ya se ha hecho muy buen trabajo. En un tiempo, sabían que algunos cambios eran a mejor, y otros a peor, y aún otros indiferentes. Les hemos quitado en gran parte este conocimiento. Hemos sustituido el adjetivo descriptivo «inalterado» por el adjetivo emocional «estancado». Les hemos enseñado a pensar en el futuro como una tierra prometida que alcanzan los héroes privilegiados, no como algo que alcanza todo el mundo al ritmo de sesenta minutos por hora, haga lo que haga, sea quien sea.

Tu cariñoso tío,

ESCRUTOPO

116

XXVI

Mi querido Orugario:

Sí; el noviazgo es el momento de sembrar esas semillas que engendrarán, diez años después, el odio doméstico. El encantamiento del deseo insaciado produce resultados que se puede hacer que los humanos confundan con los resultados de la caridad. Aprovéchate de la ambigüedad de la palabra «Amor»: déjales pensar que han resuelto mediante el amor problemas que de hecho sólo han apartado o pospuesto bajo la influencia de este encantamiento. Mientras dura, tienes la oportunidad de fomentar en secreto los problemas y hacerlos crónicos.

El gran problema es el del «desinterés». Observa, una vez más, el admirable trabajo de la Rama Filológica al sustituir por el negativo desinterés la positiva caridad del Enemigo. Gracias a ello, puedes desde el principio enseñar a un hombre a renunciar a beneficios no para que otros puedan gozar de tenerlos, sino para poder ser «desinteresado» renunciando a ellos. Éste es un gran punto ganado. Otra gran ayuda, cuando las partes implicadas son hombre y mujer, es la diferencia de opinión que hemos establecido entre los sexos acerca del desinterés. Una mujer entiende por desinterés, principalmente, tomarse molestias por los demás; para un hombre significa no molestar a los demás. En consecuencia, una mujer muy entregada al servicio del Enemigo se convertirá en una molestia mucho mayor que cualquier hombre, excepto aquellos a los que Nuestro Padre ha dominado por completo; e, inversamente, un hombre vivirá durante mucho tiempo en el campo del Enemigo antes de que emprenda tanto trabajo espontáneo para agradar a los demás como el que una mujer completamente corriente puede hacer todos los días. Así, mientras que la mujer piensa en hacer buenas obras y el hombre en respetar los derechos de los demás, cada sexo, sin ninguna falta de razón evidente, puede considerar y considera al otro radicalmente egoísta.

Además de todas estas confusiones, tú puedes añadir algunas más. El encantamiento erótico produce una mutua complacencia en la que a cada uno le agrada *realmente* ceder a los deseos del otro. También saben que el Enemigo les exige un grado de caridad que, de ser alcanzado, daría lugar a actos similares. Debes hacer que establezcan como una ley para toda su vida de casados ese grado de mutuo sacrificio de sí que actualmente mana espontáneamente del encantamiento, pero que, cuando el encantamiento se desvanezca, no tendrán caridad suficiente para permitirles realizarlo. No verán la trampa, ya que están bajo la doble ceguera de confundir la excitación sexual con la caridad y de pensar que la excitación durará.

Una vez establecida como norma una especie de desinterés oficial, legal o nominal —una regla para cuyo cumplimiento sus recursos emocionales se han desvanecido y sus recursos espirituales aún no han madurado—, se producen los más deliciosos resultados. Al considerar cualquier acción conjunta, resulta obligatorio que A argumenta a favor de los supuestos deseos de B y en contra de los propios, mientras B hace lo contrario. Con frecuencia, es imposible averiguar cuáles son los auténticos deseos de cualquiera de las partes; con suerte, acaban haciendo algo que ninguno quiere, mientras que cada uno siente una agradable sensación de virtuosidad y abriga una secreta exigencia de trato preferencial por el desinterés de que ha dado prueba y un secreto motivo de rencor hacia el otro por la facilidad con que ha aceptado su sacrificio. Más tarde, puedes adentrarte en lo que podría denominarse la Ilusión del Conflicto Generoso. Este juego se juega mejor con más de dos jugadores, por ejemplo en una familia con chicos mayores. Se propone algo completamente trivial, como tomar el té en el jardín. Un miembro de la familia se cuida de dejar bien claro (aunque no con palabras) que preferiría no hacerlo, pero que, por supuesto, está dispuesto a hacerlo, por «desinterés». Los demás retiran al instante su propuesta, ostensiblemente a causa de su propio «desinterés», pero en realidad porque no quieren ser utilizados como una especie de maniquí sobre el que el primer interlocutor deje caer altruismos baratos. Pero éste no se va a dejar privar de su orgía de desinterés. Insiste en hacer «lo que los otros quieren». Ellos insisten en hacer lo que él quiere. Los ánimos se caldean. Pronto alguien está diciendo: «¡Muy bien, pues entonces no tomaremos té en ningún sitio!», a lo que sigue una verdadera discusión, con amargo resentimiento por ambos lados. ¿Ves cómo se consigue? Si cada uno hubiese estado defendiendo francamente su verdadero deseo, todos se habrían mantenido dentro de los límites de la razón y la cortesía; pero, precisamente porque la discusión está invertida y cada lado está contendiendo la batalla del otro lado, toda la amargura que realmente fluye de la virtuosidad y la obstinación frustradas y de los motivos de rencor acumulados en los últimos diez años, queda ocultada por el «desinterés» oficial o nominal de lo que están haciendo, o, por lo menos, les sirve como motivo para que se les excuse. Cada lado es, de hecho, plenamente consciente de lo barato que es el desinterés del adversario y de la falsa posición a la que está tratando de empujarles; pero cada uno se las arregla para sentirse irreprochable y abusado, sin más deshonestidad de la que resulta natural en un hombre.

Un humano sensato dijo: «Si la gente supiese cuántos malos sentimientos ocasiona el desinterés, no se recomendaría tan a menudo desde el púlpito»; y además: «Es el tipo de mujer que vive para los demás: siempre puedes distinguir a los demás por su expresión de acosados.» Todo esto puede iniciarse incluso en el período de noviazgo. Un poco de *auténtico* egoísmo por parte de tu paciente es con frecuencia de menor valor a la larga, para hacerse con su alma, que los primeros comienzos de ese elaborado y consciente desinterés que puede un día florecer en algo como lo que te he descrito. Cierto grado de falsedad mutua, cierta sorpresa de que la chica no siempre note lo desinteresado que está siendo, se pueden meter de contrabando ya. Cuida mucho estas cosas, y, sobre todo, no dejes que los tontos jóvenes se den cuenta de ellas. Si las notan, estarán en camino de descubrir que el «amor» no es bastante, que se necesita caridad y aún no la han alcanzado, y que ninguna ley externa puede suplir su función. Me gustaría que Suburbiano pudiera hacer algo para minar el sentido del ridículo de esa joven.

Tu cariñoso tío,

ESCRUTOPO

XXVII

Mi querido Orugario:

Pareces estar consiguiendo muy poco por ahora. La utilidad de su «amor» para distraer su pensamiento del Enemigo es, por supuesto, obvia, pero revelas el pobre uso que estás haciendo de él cuando dices que la cuestión de la distracción y del pensamiento errante se han convertido ahora en uno de los temas principales de sus oraciones. Eso significa que has fracasado en gran medida. Cuando esta o cualquier otra distracción cruce su mente, deberías animarle a apartarla por pura fuerza de voluntad y a tratar de proseguir su oración normal como si no hubiese pasado nada; una vez que acepta la distracción como su problema actual y expone *eso* ante el Enemigo y lo hace el tema principal de sus oraciones y de sus esfuerzos, entonces, lejos de hacer bien, has hecho daño. Cualquier cosa, incluso un pecado, que tenga el efecto final de acercarle al Enemigo, nos perjudica a la larga.

Un curso de acción prometedor es el siguiente: ahora que está enamorado, una nueva idea de la felicidad *terrena* ha nacido en su mente; y de ahí una nueva urgencia en sus oraciones de petición: sobre esta guerra y otros asuntos semejantes. Ahora es el momento de suscitar dificultades intelectuales acerca de esta clase de oraciones. La falsa espiritualidad debe estimularse siempre. Con el motivo aparentemente piadoso de que «la alabanza y la comunión con Dios son la verdadera oración», con frecuencia se puede atraer a los humanos a la desobediencia directa al Enemigo, Quien (en su habitual estilo plano, vulgar, sin interés) les ha dicho claramente que recen por el pan de cada día y por la curación de sus enfermos. Les ocultarás, naturalmente, el hecho de que la oración por el pan de cada día, interpretada en un «sentido espiritual», es en el fondo tan vulgarmente de petición como en cualquier otro sentido.

Ya que tu paciente ha contraído el terrible hábito de la obediencia, probablemente seguirá rezando oraciones tan «vulgares» hagas lo que hagas. Pero puedes preocuparle con la obsesionante sospecha de que tal práctica es absurda y no puede tener resultados objetivos. No olvides usar el razonamiento: «Cara, yo gano; cruz, tú pierdes.» Si no ocurre lo que él pide, entonces eso es una prueba más de que las oraciones de petición no sirven; si ocurre, será capaz, naturalmente, de ver algunas de las causas físicas que condujeron a ello, y «por tanto, hubiese ocurrido de cualquier modo», y así una petición concedida resulta tan buena prueba como una denegada de que las oraciones son ineficientes.

Tú, al ser un espíritu, encontrarás difícil de entender cómo se engaña de este modo. Pero debes recordar que él toma el tiempo por una realidad definitiva. Supone que el Enemigo, como él, ve algunas cosas como presentes, recuerda otras como pasadas, y prevé otras como futuras; o, incluso si cree que el Enemigo no ve las cosas de ese modo, sin embargo, en el fondo de su corazón, considera eso como una particularidad del modo de percepción del Enemigo; no cree realmente (aunque diría que sí) que las cosas son tal como las ve el Enemigo. Si tratase de explicarle que las oraciones de los hombres de hoy son una de las incontables coordenadas con las que el Enemigo armoniza el tiempo que hará mañana, te replicaría que entonces el Enemigo siempre supo que los hombres iban a rezar esas oraciones, y, por tanto, que no rezaron libremente, sino que estaban predestinados a hacerlo. Y añadiría que el tiempo que hará un día dado puede trazarse a través de sus causas hasta la creación originaria de la materia misma, de forma que todo, tanto desde el lado humano como desde el material, está «dado desde el principio». Lo que debería decir es, por supuesto, evidente para nosotros: que el problema de adaptar el tiempo particular a las oraciones particulares es meramente la aparición, en dos puntos de su forma de percepción temporal, del problema total de adaptar el universo espiritual entero al universo corporal entero; que la creación en su totalidad actúa en todos los puntos del espacio y del tiempo, o mejor, que su especie de consciencia les obliga a enfrentarse con el acto creador completo y coherente como una serie de acontecimientos sucesivos. *Por qué* ese acto creador deja sitio a su libre voluntad es el problema de los problemas, el secreto oculto tras las tonterías del Enemigo acerca del «Amor». *Cómo* lo hace no supone problema alguno, porque el Enemigo no *prevé* a los humanos haciendo sus libres aportaciones en el futuro, sino que los *ve* haciéndolo en su Ahora ilimitado. Y, evidentemente, contemplar a un hombre haciendo algo no es obligarle a hacerlo.

Se puede replicar que algunos escritores humanos entrometidos, notablemente Boecio, han divulgado este secreto. Pero en el clima intelectual que al fin hemos logrado suscitar por toda la Europa occidental, no debes preocuparte por eso. Sólo los eruditos leen libros antiguos, y nos hemos ocupado ya de los eruditos para que sean, de todos los hombres, los que tienen menos probabilidades de adquirir sabiduría leyéndolos. Hemos conseguido esto inculcándoles el Punto de Vista Histórico. El Punto de Vista Histórico significa, en pocas palabras, que cuando a un erudito se le presenta una afirmación de un autor antiguo, la única cuestión que nunca se plantea es si es verdad. Se pregunta quién influyó en el antiguo escritor, y hasta qué punto su afirmación es consistente con lo que dijo en otros libros, y qué etapa de la evolución del escritor, o de la historia general del pensamiento, ilustra, y cómo afectó a escritores posteriores, y con qué frecuencia ha sido mal interpretado (en especial por los propios colegas del erudito), y cuál ha sido la marcha general de su crítica durante los últimos diez años, y cuál es el «estado actual de la cuestión». Considerar al escritor antiguo como una posible fuente de conocimiento —presumir que lo que dijo podría tal vez modificar los pensamientos o el comportamiento de uno— sería rechazado como algo indeciblemente ingenuo. Y puesto que no podemos engañar continuamente a toda la raza humana, resulta de la máxima importancia aislar así a cada generación de las demás; porque cuando el conocimiento circula libremente entre unas épocas y otras, existe siempre el peligro de que los errores característicos de una puedan ser corregidos por las verdades características de otra. Pero, gracias a Nuestro Padre y al Punto de Vista Histórico, los grandes sabios están ahora tan poco nutridos por el pasado como el más ignorante mecánico que mantiene que «la historia es un absurdo».

Tu cariñoso tío,

ESCRUTOPO

XXVIII

Mi querido Orugario:

Cuando te dije que no llenases tus cartas de basura acerca de la guerra quería decir, por supuesto, que no quería oír tus rapsodias más bien infantiles sobre la muerte de los hombres y la destrucción de las ciudades. En la medida en que la guerra afecte realmente el estado espiritual del paciente, naturalmente quiero informes completos. Y en este aspecto pareces singularmente obtuso. Así, me cuentas con alegría que hay motivos para esperar intensos ataques aéreos sobre la ciudad donde vive el paciente. Éste es un ejemplo atroz de algo acerca de lo que ya me he lamentado: la facilidad con que olvidas la finalidad principal de tu goce inmediato del sufrimiento humano. ¿No sabes que las bombas matan hombres? ¿O no te das cuenta de que la muerte del paciente, en este momento, es precisamente lo que queremos evitar? Ha escapado de los amigos mundanos con los que intentaste liarle, se ha «enamorado» de una mujer muy cristiana y de momento es inmune a tus ataques contra su castidad, y los diferentes métodos de corromper su vida espiritual que hemos probado hasta ahora no han tenido éxito. En este momento, cuando todo el impacto de la guerra se acerca y sus esperanzas mundanas ocupan un lugar proporcionalmente inferior en su mente, llena de su trabajo de defensa, llena de la chica, obligada a ocuparse de sus vecinos más que nunca lo había hecho y gustándole más de lo que esperaba, «fuera de sí mismo», como dicen los hombres, y aumentando cada día su dependencia consciente del Enemigo, es casi seguro que le perderemos si muere esta noche. Esto es tan evidente que me da vergüenza escribirlo. Me pregunto a veces si no se os mantendrá a los diablos jóvenes durante demasiado tiempo seguido en misiones de tentación, si no corréis algún peligro de resultar infectados por los sentimientos y valores de los humanos entre los que trabajáis. Ellos, por supuesto, tienden a considerar la muerte como el mal máximo, y la supervivencia como el bien supremo. Pero esto es porque les hemos educado para que pensaran así. No nos dejemos contagiar por nuestra propia propaganda. Ya sé que parece extraño que tu objetivo primordial por el momento sea precisamente aquello por lo que rezan la novia y la madre del paciente; es decir, su seguridad física. Pero así es: deberías estar cuidándole como la niña de tus ojos. Si muere ahora, lo pierdes. Si sobrevive a la guerra, siempre hay esperanza. El Enemigo le ha protegido de ti durante la primera gran oleada de tentaciones. Pero, sólo con que se le pueda mantener vivo, tendrás al tiempo mismo como aliado tuyo. Los largos, aburridos y monótonos años de prosperidad en la edad madura o de adversidad en la misma edad son un excelente tiempo de combate. Es tan difícil para estas criaturas el *perseverar...* La rutina de la adversidad, la gradual decadencia de los amores juveniles y de las esperanzas juveniles, la callada desesperación (apenas sentida como dolorosa) de superar alguna vez las tentaciones crónicas con que una y otra vez les hemos derrotado, la tristeza que creamos en sus vidas y el resentimiento incoherente con que les enseñamos a reaccionar a ella, todo esto proporciona admirables oportunidades para desgastar un alma por agotamiento. Si, por el contrario, su edad madura resulta próspera, nuestra posición es aún más sólida. La prosperidad une a un hombre al Mundo. Siente que está «encontrando su lugar en él», cuando en realidad el mundo está encontrando su lugar en él. Su creciente prestigio, su cada vez más amplio círculo de conocidos, la creciente presión de un trabajo absorbente y agradable, construyen en su interior una sensación de estar realmente a gusto en la Tierra, que es precisamente lo que nos conviene. Notarás que los jóvenes suelen generalmente resistirse menos a morir que los maduros y los viejos.

Lo cierto es que el Enemigo, tras haber extrañamente destinado a estos meros animales a la vida en Su propio mundo eterno, les ha protegido bastante eficazmente del peligro de sentirse a gusto en cualquier otro sitio. Por eso debemos con frecuencia desear una larga vida a nuestros pacientes; en setenta años no sobra un día para la difícil tarea de desenmarañar sus almas del Cielo y edificar una firme atadura a la Tierra. Mientras son jóvenes, siempre les encontramos saliéndose por la tangente. Incluso si nos las arreglamos para mantenerles ignorantes de la religión explícita, los imprevisibles vientos de la fantasía, la música y la poesía —el mero rostro de una muchacha, el canto de un pájaro o la visión de un horizonte—, siempre están volando por los aires toda nuestra estructura. *No se dedicarán firmemente al progreso mundano, ni a las relaciones prudentes, ni a la política de seguridad ante todo.* Su apetito del Cielo es tan empedernido que nuestro mejor método, en esta etapa, para atarles a la Tierra es hacerles creer que la Tierra puede ser convertida en el Cielo en alguna fecha futura por la política o la eugenesia o la «ciencia» o la psicología o cualquier cosa. La verdadera mundanidad es obra del tiempo, ayudado, naturalmente, por el orgullo, porque les enseñamos a describir la muerte que avanza arrastrándose como Buen Sentido o Madurez o Experiencia. La *experiencia,* en el peculiar sentido que les enseñamos a darle, es, por cierto, una palabra de gran utilidad. Un gran filósofo humano casi reveló nuestro secreto cuando dijo que, en lo referente a la Virtud, «la experiencia es la madre de la ilusión»; pero gracias a un cambio de moda, y gracias también, por supuesto, al Punto de Vista Histórico, hemos hecho prácticamente inofensivo su libro.

Puede calcularse lo inapreciable que es el tiempo para

nosotros por el hecho de que el Enemigo nos conceda tan poco. La mayor parte de la raza humana muere en la infancia; de los supervivientes, muchos mueren en la juventud. Es obvio que para Él el nacimiento humano es importante sobre todo como forma de hacer posible la muerte humana, y la muerte sólo como pórtico a esa otra clase de vida. Se nos permite trabajar únicamente sobre una minoría selecta de la raza, porque lo que los humanos llaman una «vida normal» es la excepción. Al parecer, Él quiere que algunos —pero sólo muy pocos— de los animales humanos con que está poblando el Cielo hayan tenido la experiencia de resistirnos a lo largo de una vida terrenal de sesenta o setenta años. Bueno, ésa es nuestra oportunidad. Cuanto menor sea, mejor hemos de aprovecharla. Hagas lo que hagas, mantén a tu paciente tan a salvo como te sea posible.

Tu cariñoso tío,

ESCRUTOPO

128

XXIX

Mi querido Orugario:

Ahora que es seguro que los humanos alemanes van a bombardear la ciudad de tu paciente y que sus obligaciones le van a mantener en el lugar de máximo peligro, debemos pensar nuestra política. ¿Hemos de tomar por objetivo la cobardía o el valor, con el orgullo consiguiente... o el odio a los alemanes?

Bueno, me temo que es inútil tratar de hacerle valiente. Nuestro Departamento de Investigación no ha descubierto todavía (aunque el éxito se espera cada hora) cómo producir *ninguna* virtud. Ésta es una grave desventaja. Para ser enorme y efectivamente malo, un hombre necesita alguna virtud. ¿Qué hubiera sido Atila sin su valor, o Shylock sin abnegación en lo que se refiere a la carne? Pero como no podemos suministrar esas cualidades nosotros mismos, sólo podemos utilizarlas cuando las suministra el Enemigo; y esto significa dejarle a Él una especie de asidero en aquellos hombres que, de otro modo, hemos hecho más totalmente nuestros. Un arreglo muy insatisfactorio, pero confío en que algún día conseguiremos mejorarlo.

El odio podemos conseguirlo. La tensión de los nervios humanos en medio del ruido, el peligro y la fatiga les hace propensos a cualquier emoción violenta, y sólo es cuestión de

129

guiar esta susceptibilidad por los conductos adecuados. Si su conciencia se resiste, atúrdele. Déjale decir que siente odio no por él, sino en nombre de las mujeres y los niños, y que a un cristiano le dicen que perdone a sus propios enemigos, no a los de otras personas. En otras palabras, déjale considerarse lo bastante identificado con las mujeres y los niños como para sentir odio en su nombre, pero *no* lo bastante identificado como para considerar a los enemigos de éstos como propios y, en consecuencia, como merecedores de su perdón.

Pero es mejor combinar el odio con el miedo. De todos los vicios, sólo la cobardía es puramente dolorosa: horrible de anticipar, horrible de sentir, horrible de recordar; el odio tiene sus placeres. En consecuencia, el odio es a menudo la *compensación* mediante la que un hombre asustado se resarce de los sufrimientos del miedo. Cuanto más miedo tenga, más odiará. Y el odio es también un antídoto de la vergüenza. Por tanto, para hacer una herida profunda en su caridad, primero debes vencer su valor.

Ahora bien, esto es un asunto peliagudo. Hemos hecho que los hombres se enorgullezcan de la mayor parte de los vicios, pero no de la cobardía. Cada vez que hemos estado a punto de lograrlo, el Enemigo permite una guerra o un terremoto o cualquier otra calamidad, y al instante el valor resulta tan obviamente encantador e importante, incluso a los ojos de los humanos, que toda nuestra labor es arruinada, y todavía queda un vicio del que sienten auténtica vergüenza. El peligro de inculcar la cobardía a nuestros pacientes, por tanto, estriba en que provocamos verdadero conocimiento de sí mismos y verdadero autodesprecio, con el arrepentimiento y la humildad consiguientes. Y, de hecho, durante la última guerra, miles de humanos, al descubrir su cobardía, descubrieron la moral por primera vez. En la paz, podemos hacer que muchos de ellos ignoren por completo el bien y el mal; en peligro, la cuestión se les plantea de tal forma que ni siquiera nosotros podemos cegarles. Esto supone un cruel dilema para nosotros. Si fomentásemos la justicia y la caridad entre los hombres, le haríamos el juego directamente al Enemigo; pero si les conducimos al comportamiento opuesto, esto produce antes o después (porque Él permite que lo produzca) una guerra o una revolución, y la ineludible alternativa entre la cobardía y el valor despierta a miles de hombres del letargo moral.

Ésta es, de hecho, probablemente, una de las razones del Enemigo para crear un mundo peligroso, un mundo en el que las cuestiones morales se plantean a fondo. Él ve tan bien como tú que el valor no es simplemente *una* de las virtudes, sino la forma de todas las virtudes en su punto de prueba, lo que significa en el punto de máxima realidad. Una castidad o una honradez o una piedad que cede ante el peligro será casta u honrada o piadosa sólo con condiciones. Pilatos fue piadoso hasta que resultó arriesgado.

Es posible, por tanto, perder tanto como ganamos haciendo de tu hombre un cobarde: ¡puede aprender demasiado sobre sí mismo! Siempre existe la posibilidad, claro está, no de cloroformizar la vergüenza, sino de agudizarla y provocar la desesperación. Esto sería un gran triunfo. Demostraría que había creído en el perdón de sus otros pecados por el Enemigo, y que lo había aceptado, sólo porque él mismo no sentía completamente su pecaminosidad; que con respecto al único vicio cuya completa profundidad de deshonra comprende no puede buscar el Perdón, ni confiar en él. Pero me temo que le has dejado avanzar demasiado en la escuela del Enemigo, y que sabe que la desesperación es un pecado más grave que cualquiera de los que la producen.

En cuanto a la técnica real de la tentación a la cobardía, no hace falta decir mucho. Lo fundamental es que las precauciones tienden a aumentar el miedo. Las precauciones públicamente impuestas a tu paciente, sin embargo, pronto se convierten en una cuestión rutinaria, y ese efecto desaparece. Lo que debes hacer es mantener dando vueltas por su cabeza (al lado de la intención consciente de cumplir con su deber) la vaga idea de todo lo que puede hacer o no hacer, *dentro* del marco de su deber, que parece darle un poco más de seguridad. Desvía su pensamiento de la simple regla («Tengo que permanecer aquí y hacer tal y cual cosa») a una serie de hipótesis imaginarias («Si ocurriese A —aunque espero que no— podría hacer B, y en el peor de los casos, podría hacer C»). Si no las reconoce como tales, se le pueden inculcar supersticiones. La cuestión es hacer que no deje de tener la sensación de que, aparte del Enemigo y del valor que el Enemigo le infunde, tiene *algo a lo que recurrir*, de forma que lo que había de ser una entrega total al deber, se vea totalmente minado por pequeñas reservas inconscientes. Fabricando una serie de recursos imaginarios para impedir «lo peor», puedes provocar, a ese nivel de su voluntad del que no es consciente, la decisión de que *no* ocurrirá «lo peor». Luego, en el momento de verdadero terror, méteselo en los nervios y en los músculos, y puedes conseguir que cometa el acto fatal antes de que sepa qué te propones. Porque, recuérdalo, el *acto* de cobardía es lo único que importa; la emoción del miedo no es, en sí, un pecado, y, aunque disfrutamos de ella, no nos sirve para nada.

Tu cariñoso tío,

ESCRUTOPO

XXX

Mi querido Orugario:

A veces me pregunto si te crees que has sido enviado al mundo para tu propia diversión. Colijo, no de tu miserablemente insuficiente informe, sino del de la Policía Infernal, que el comportamiento del paciente durante el primer ataque aéreo ha sido el peor posible. Estuvo muy asustado y se cree un gran cobarde, y por tanto no siente ningún orgullo; pero ha hecho todo lo que su deber le exigía y tal vez un poco más. Frente a este desastre, todo lo que puedes mostrar en tu haber es un arranque de mal genio contra un perro que le hizo tropezar, un número algo excesivo de cigarrillos fumados, y haber olvidado una oración. ¿De qué sirve que te me lamentes de tus dificultades? Si estás actuando de acuerdo con la idea de «justicia» del Enemigo e insinuando que tus posibilidades y tus intenciones debieran tenerse en cuenta, entonces no estoy muy seguro de que no te estés haciendo merecedor de una acusación de herejía. En cualquier caso, pronto verás que la justicia del Infierno es puramente realista, y que sólo le interesan los resultados. Tráenos alimento, o sé tú mismo alimento.

El único pasaje constructivo de tu carta es aquel donde dices que todavía esperas buenos resultados de la fatiga del paciente. Eso está bastante bien. Pero no te caerá en las manos.

133

La fatiga *puede* producir una extremada amabilidad, y paz de espíritu, e incluso algo parecido a la visión. Si has visto con frecuencia a hombres empujados por ella a la irritación, la malicia y la impaciencia, eso es porque esos hombres tenían tentadores eficientes. Lo paradójico es que una fatiga moderada es mejor terreno para el malhumor que el agotamiento absoluto. Esto depende en parte de causas físicas, pero en parte de algo más. No es simplemente la fatiga como tal la que produce la irritación, sino las exigencias inesperadas a un hombre ya cansado. Sea lo que sea lo que esperen, los hombres pronto llegan a pensar que tienen derecho a ello: el sentimiento de decepción puede ser convertido, con muy poca habilidad de nuestra parte, en un sentimiento de agravio. Los peligros del cansancio humilde y amable comienzan cuando los hombres se han rendido a lo irremediable, una vez que han perdido la esperanza de descansar y han dejado de pensar hasta en la media hora siguiente. Para conseguir los mejores resultados posibles de la fatiga del paciente, por tanto, debes alimentarle con falsas esperanzas. Métele en la cabeza razones plausibles para creer que el ataque aéreo no se repetirá. Haz que se reconforte pensando cuánto disfrutará de la cama la próxima noche. Exagera el cansancio, haciéndole creer que pronto habrá pasado, porque los hombres suelen sentir que no habrían podido soportar por más tiempo un esfuerzo en el momento preciso en que se está acabando, o cuando creen que se está acabando. En esto, como en el problema de la cobardía, lo que hay que evitar es la entrega absoluta. Diga lo que *diga,* haz que su íntima decisión no sea soportar lo que le caiga, sino soportarlo «por un tiempo razonable»; y haz que el tiempo razonable sea más corto de lo que sea probable que vaya a durar la prueba. No hace falta que sea *mucho* más corto; en los ataques contra la paciencia, la castigad y la fortaleza, lo divertido es hacer que el hombre se rinda justo cuando (si lo hubiese sabido) el alivio estaba casi a la vista.

No sé si es probable o no que se vea con la chica en situaciones de apuro. Si la ve, utiliza a fondo el hecho de que, hasta cierto punto, la fatiga hace que las mujeres hablen más y que los hombres hablen menos. De ahí puede suscitarse mucho resentimiento secreto, hasta entre enamorados.

Probablemente, las escenas que está presenciando ahora no suministrarán material para llevar a cabo un ataque *intelectual* contra su fe; tus fracasos precedentes han puesto eso fuera de tu poder. Pero hay una clase de ataque a las emociones que todavía puede intentarse. Consiste en hacerle *sentir*, cuando vea por primera vez restos humanos pegados a una pared que así es «como es realmente el mundo», y que toda su religión ha sido una fantasía. Te habrás dado cuenta de que les tenemos completamente obnubilados en cuanto al significado de la palabra «real». Se dicen entre sí, acerca de alguna gran experiencia espiritual: «Todo lo que *realmente* sucedió es que oíste un poco de música en un edificio iluminado»; aquí «real» significa los hechos físicos desnudos, separados de los demás elementos de la experiencia que, efectivamente, tuvieron. Por otra parte, también dirán: «Está muy bien hablar de ese salto desde un trampolín alto, ahí sentado en un sillón, pero espera a estar allá arriba y verás lo que es *realmente*»: aquí «real» se utiliza en el sentido opuesto, para referirse no a los hechos físicos (que ya conocen, mientras discuten la cuestión sentados en sillones), sino al efecto emocional que estos hechos tienen en una conciencia humana. Cualquiera de estas acepciones de la palabra podría ser defendida; pero nuestra misión consiste en mantener las dos funcionando al mismo tiempo, de forma que el valor emocional de la palabra «real» pueda colocarse ahora a un lado, ahora al otro, de la cuenta, según nos convenga. La regla general que ya hemos establecido bastante bien entre ellos es que en todas las experiencias que pueden hacerles mejores o más felices sólo los hechos físicos son «reales», mientras que los elementos espirituales son «subjetivos»; en todas las experiencias que pueden desanimarles o corromperles, los elementos espirituales son la realidad fundamental, e ignorarlos es ser un escapista. Así, en el alumbramiento la sangre y el dolor son «reales», y la alegría un mero punto de vista subjetivo; en la muerte, el terror y la fealdad revelan lo que la muerte «significa realmente». La odiosidad de una persona odiada es «real»: en el odio se ve a los hombres tal como son, se está desilusionando; pero el encanto de una persona amada es meramente una neblina subjetiva que oculta un fondo «real» de apetencia sexual o de asociación económica. Las guerras y la pobreza son «realmente» horribles; la paz y la abundancia son meros hechos físicos acerca de los cuales resulta que los hombres tienen ciertos sentimientos. Las criaturas siempre están acusándose mutuamente de querer «comerse el pastel y tenerlo»; pero gracias a nuestra labor están más a menudo en la difícil situación de pagar el pastel y no comérselo. Tu paciente, adecuadamente manipulado, no tendrá ninguna dificultad en considerar su emoción ante el espectáculo de unas entrañas humanas como una revelación de la realidad y su emoción ante la visión de unos niños felices o de un día radiante como mero sentimiento.

Tu cariñoso tío,

ESCRUTOPO

XXXI

Mi querido, mi queridísimo Orugario, ricura, monada:

¡Qué equivocadamente vienes lloriqueando, ahora que todo está perdido, a preguntarme si es que los términos afectuosos en que me dirijo a ti no significaban nada desde el principio! ¡Al contrario! Queda tranquilo, que mi cariño hacia ti y tu cariño hacia mí se parecen como dos gotas de agua. Siempre te he deseado, como tú (pobre iluso) me deseabas. La diferencia estriba en que yo soy el más fuerte. Creo que te me entregarán ahora; o un pedazo de ti. ¿Quererte? Claro que sí. Un bocado tan exquisito como cualquier otro.

Has dejado que un alma se te escape de las manos. El aullido de hambre agudizada por esa pérdida resuena en este momento por todos los niveles del Reino del Ruido hasta las profundidades del mismísimo Trono. Me vuelve loco pensar en ello. ¡Qué bien sé lo que ocurrió en el instante en que te lo arrebataron! Hubo un repentino aclaramiento de sus ojos (¿no es verdad?) cuando te vio por vez primera, se dio cuenta de la parte que habías tenido de él, y supo que ya no la tenías. Piensa sólo (y que sea el principio de tu agonía) lo que sintió en ese momento: como si se le hubiese caído una costra de una antigua herida, como si estuviese saliendo de una erupción espantosa, y parecida a una concha, como si se despojase de una vez para todas de una prenda sucia, mojada y pegajosa. ¡Por el Infierno, ya es bastante desgracia verles en sus días de mortales quitándose ropas sucias e incómodas y chapoteando en agua caliente y dando pequeños resoplidos de gusto, estirando sus miembros relajados! ¿Qué decir, entonces, de este desnudarse final, de esta completa purificación?

Cuanto más piensa uno en ello, peor resulta. ¡Se escapó tan fácilmente! Sin recelos graduales, sin sentencia del médico, sin sanatorio, sin quirófano, sin falsas esperanzas de vida: la pura e instantánea liberación. Un momento pareció que era todo nuestro mundo: el estrépito de las bombas, el hundimiento de las casas, el hedor y el sabor de explosivos de gran potencia en los labios y en los pulmones, los pies ardiendo de cansancio, el corazón helado por el horror, el cerebro dando vueltas, las piernas doliendo; el momento siguiente todo esto se había acabado, esfumado como un mal sueño, para no volver nunca a servir de nada. ¡Estúpido derrotado, superado! ¿Notaste con qué naturalidad —como si hubiese nacido para ella— el gusano nacido en la Tierra entró en su nueva vida? ¿Cómo todas sus dudas se hicieron, en un abrir y cerrar de ojos, ridículas? ¡Yo sé lo que la criatura se decía!: «Sí. Claro. Siempre ha sido así. Todos los horrores han seguido la misma trayectoria, empeorando y empeorando y empujándole a uno a un embotellamiento hasta que, en el instante preciso en el que uno pensaba que iba a ser aplastado, ¡fíjate!, habías salido de las apreturas y de pronto todo iba bien. La extracción dolía cada vez más, y de pronto la muela estaba sacada. El sueño se convertía en una pesadilla, y de pronto uno se despertaba. Uno muere y muere, y de pronto se está más allá de la muerte. ¿Cómo pude dudarlo alguna vez?»

Al verte a ti, también Les vio a Ellos. Sé cómo fue. Retrocediste haciendo eses, mareado y cegado, más herido por Ellos que lo que él lo fue nunca por las bombas. ¡Qué degradación!: que esta cosa de tierra y barro pueda mantenerse erguida y conversar con unos espíritus ante los cuales tú, un espíritu, sólo podías encogerte de miedo. Quizá tuviste la esperanza de que el temor reverencial y la extrañeza de todo ello mitigasen su alegría. Pero ésa es la maldición del asunto: los dioses son extraños a los ojos mortales, y sin embargo no son extraños. Él no tenía hasta aquel preciso instante la más mínima idea de qué aspecto tendrían, e incluso dudaba de su existencia. Pero cuando los vio supo que siempre los había conocido y se dio cuenta de qué papel había desempeñado cada uno de ellos en muchos momentos de su vida en los que se creía solo, de forma que ahora podría decirles, uno a uno, no «¿Quién *eres* tú?», sino «Así que fuiste *tú* todo el tiempo.» Todo lo que fueron y dijeron en esta reunión despertó recuerdos. La vaga consciencia de tener amigos a su alrededor que había encantado sus soledades desde la infancia estaba ahora, por fin, explicada; aquella música en el centro de cada pura experiencia que siempre se había escapado de su memoria era ahora por fin recobrada. El reconocimiento le hizo libre en su compañía casi antes de que los miembros de su cadáver se quedasen rígidos. Sólo a ti te dejaron fuera.

No sólo les vio a Ellos; le vio a Él. Este animal, esta cosa engendrada en una cama, podía mirarle. Lo que es para ti fuego cegador y sofocante es ahora, para él, una luz fresca, es la claridad misma, y viste la forma de un Hombre. Te gustaría, si pudieras, interpretar la postración del paciente en su Presencia, su horror de sí mismo y su absoluto conocimiento de sus pecados (sí, Orugario, un conocimiento incluso más claro que el tuyo), a partir de la analogía de tus propias sensaciones de ahogo y parálisis cuando tropiezas con el aire mortal que respira el corazón del Cielo. Pero todo eso es un disparate. Todavía puede tener que enfrentarse con penas, pero ellos *abrazan* esas penas. No las trocarían por ningún placer terreno. Todos los deleites de los sentidos, o del corazón, o del intelecto con que una vez pudiste haberle tentado, incluso los deleites de la virtud misma, ahora le parecen, en comparación, casi como los atractivos seminauseabundos de una prostituta pintarrajeada le parecerían a un hombre cuya verdadera amada, a la que ha amado durante toda la vida y a la que había creído muerta, está viva y sana ahora a su puerta. Está atrapado en ese mundo en el que el dolor y el placer toman valores infinitos y en el que toda nuestra aritmética no tiene nada que hacer. Una vez más, nos enfrentamos con lo inexplicable. Después de la maldición de tentadores inútiles como tú, nuestra mayor maldición es el fracaso de nuestro Departamento de Información. ¡Si tan sólo pudiésemos averiguar qué Se propone! ¡Ay, ay, que el conocimiento, algo tan odioso y empalagoso en sí mismo, sea, sin embargo, necesario para el Poder! A veces casi me desespera. Todo lo que me mantiene es la convicción de que nuestro Realismo, nuestro rechazo (frente a todas las tentaciones) de todos los bobos desatinos y de la faramalla, *deben* triunfar al final. Entretanto, te tengo a ti para saciarme. Muy sinceramente firmo como

Tu creciente y vorazmente cariñoso tío,

ESCRUTOPO

140

9 780061 140044